Kuno Kohn · Michael Wüstenberg (Hg.)

Ehrenamtliche Begräbnisleiter
als Osterzeugen in den Gemeinden

W0174920

KUNO KOHN · MICHAEL WÜSTENBERG (HG.)

Ehrenamtliche Begräbnisleiter

als Osterzeugen in den Gemeinden

echter

Bibliografische Information der Deutschen Nationalbibliothek

Die Deutsche Nationalbibliothek verzeichnet diese Publikation
in der Deutschen Nationalbibliografie; detaillierte bibliografische
Daten sind im Internet über ‹http://dnb.d-nb.de› abrufbar.

1. Auflage 2016
© 2016 Echter Verlag GmbH, Würzburg
www.echter.de

Umschlag: wunderlichundweigand
Bild auf Vorderseite: Michael Zwingmann;
Bild auf Rückseite: Schmetterlingsreliquiar (wohl Paris, erste Hälfte
14. Jh.), Schottenkirche St. Jakob zu Regensburg (als Dauerleihgabe
ausgestellt im Diözesanmuseum St. Ulrich, Regensburg);
Foto: Achim Bunz, München; alle Rechte: Priesterseminar
zum Hl. Wolfgang, Regensburg
Satz: Hain-Team, Bad Zwischenahn (www.hain-team.de)
Druck und Bindung: CPI-books, Clausen & Bosse, Leck

ISBN 978-3-429-03975-2

Inhalt

Vorwort

Der Titel dieses Buches ist ein ganzes Programm. Jedes Wort davon wollen wir auf die Goldwaage legen als kostbaren Beitrag aus einem großen Erfahrungsschatz: *Ehrenamtliche Begräbnisleiter als Osterzeugen in den Gemeinden.* Es geht um etwas ziemlich Neues in der deutschen Kirche. Ehrenamtliche übernehmen immer häufiger auch die Begleitung von Trauernden und die Beerdigung. Es ist gut, zu wissen, dass in der weltweiten katholischen Kirche damit andernorts gute Erfahrungen gemacht werden. Diese Ehrenamtlichen übernehmen diese Aufgaben gerade durch ihre eigene spirituelle Erfahrung, die aus der Tiefe ihres persönlichen Glaubens kommt. Der Ausgangspunkt sind dabei die Gaben der Gemeindeglieder, der erlebte Mangel an Personal ist nur Auslöser – gleichsam wie ein Entwicklungshelfer. Das Ganze ist ein Geschehen in Gemeinden, die ihren Ursprung in einer Trauergemeinde haben, nämlich der der trauernden Freunde Jesu nach dessen Tod. Daraus erwuchsen kraftvolle Aufbrüche. Österliche Kraft erweckte neues Leben, Gemeindeleben.

Heute ist oft die Rede von lokaler oder partizipativer Kirchenentwicklung, von Kirche der Teilhabe. Es geht um ein Neuwerden von den in der Taufe gefeierten Gaben her. Gaben-Orientierung soll den Weg in österlicher Dynamik weisen. Von Gott direkt Be-Gabte übernehmen Aufgaben.

Der Buchumschlag deutet dies an. Das Ginkoblatt verweist auf die Stärke und Durchhaltekraft des Lebens. Der Schmetterling ist fast so etwas wie ein Archetyp: Er steht für die überraschenden Wenden, die das Leben bringt, die auch totale Wandlung bedeuten können. Und: Er weist auch auf die Leichtigkeit hin, die kommt, wenn man erst einmal dem Raupendasein entschlüpft ist. Das Schmetterlingsreliquiar auf der Rückseite des Buches verankert diese Hoffnung auf neues Leben im Schicksal des Menschensohnes, Jesus, des Christus. Die Perlen als Fühler sprechen von der Osterhoffnung als der kostbaren Perle christlichen Glaubens (Mt 13) und der übergroßen Freude dessen, dem sie zu eigen wurde.

Dieses Buch ist zugleich ein Beispiel für gegenseitige Bereicherung in der Weltkirche, in diesem Fall durch die Begegnung mit der Kirche in der „Regenbogennation" Südafrika. Die Erfahrungen dort haben dazu angeregt und ermutigt, ähnliche Wege auch in der deutschen Kirche, konkret im Bistum Hildesheim, zu gehen. Deshalb erzählen wir zuerst von Erfahrungen in einem Bistum Südafrikas. Sie waren Inspiration, sind aber keine Kopiervorlage. Dadurch wurde ein Weg geschaffen, der den deutschen Verhältnissen angemessen ist und auf hiesige Fragen eine Antwort gibt. Beide Wege teilen die Grundvision des Zweiten Vatikanischen Konzils und verwirklichen sie in genuin eigener Weise. Das geschah durch synodale Wege und pastorale Pläne, die dem je eigenen Kontext angemessen sind. Und dies geschah vor Ort, in lokaler Entwicklung.

Die Erfahrungen im Bistum Hildesheim sind uns kostbar. Wir wollen sie teilen. Sie wurden über zehn und mehr Jahre gemacht. Sie gaben dem Kurs für Gemeindemitglieder als Beerdigungsleiter seine derzeitige Gestalt. Zudem entstand als neuer Begriff das Wort „Osterzeugen". Das Wort „Training" für die Schulungskurse wird manchen in diesem Zusammenhang ungewohnt erscheinen. Wir haben es aus der pastoralen Arbeit in Südafrika übernommen. Das „Training" zielt auf die Entdeckung und Entwicklung der je eigenen von Gott geschenkten Gaben. Es rüstet diese zu für eine aktive Beteiligung im Dienst als Volk Gottes für das Volk Gottes.

Der Ausbildungskurs für Osterzeugen baut auf den Erfahrungen der Glaubenden auf, der der Teilnehmenden und der begleitenden „Trainer". Darüber hinaus schafft er Raum für eigene neue Erfahrungen, die im Buch von Teilnehmenden geteilt werden.

Ein eigener Abschnitt wirft ein Licht auf die spirituellen Grundlagen des Kurses. Zentral ist das Gottesbild und wie es im Verkünden und Tun seinen Ausdruck findet. Eine neue Grammatik „missionarischer Rede" gilt es zu erlernen, die durch menschenfreundliche Osterzeugen vom menschenfreundlichen Gott spricht.

Gelungene Beispiele neuer missionarischer Rede sind die Texte von Andreas Knapp, die im Kapitel über das Credo und an anderen Stellen im Buch zu finden sind. Seine Gedichte laden ein zum Verweilen und Nachsinnen, sie sind Zeugnisse einer neuen, erfrischenden und inspirierenden Sprache.

Ein deutscher und ein südafrikanischer „Nachruf" laden ein, offen zu bleiben für neue Entwicklungen und Fragestellungen – und sie beherzt anzugehen.

Zwei Priester aus dem Bistum Hildesheim (der eine nun Bischof in Südafrika), die mit „ihren Leuten" unterwegs sind, geben dieses Buch heraus.* Wie die Osterzeugen am Grab Jesu sind sie nicht allein. Sie wissen sich dankbar verbunden mit den Bischöfen, die sie am Anfang dieser Entwicklung begleiteten und ermutigten, Fritz Lobinger und Josef Homeyer. Besonders Gerd Schlichting und Dietrich Zimmermann, ihre Ausbilder im Hildesheimer Priesterseminar, legten die Grundsteine für eine im Leben verankerte Pastoral und Mystagogie. Dank gilt Paulos und vielen Beerdigungsleitern in Südafrika; ebenso Luzia und Betina, allen, die bei den Trainings mittaten; nicht zuletzt den Frauen und Männern, die sich als Osterzeuginnen und Osterzeugen mutig senden ließen; und natürlich allen, die zum Buch beigetragen haben, sowie dem Echter Verlag.

Und wenn Papst Franziskus gerade die erste Osterzeugin Maria Magdalena zu apostolischen Ehren erhob, wissen wir uns noch mehr himmlisch verbunden.

Dank in allem Ihm, dem Geber aller guten Gaben!
Danke, siyabulela (auf Xhosa „Danke")

Aliwal North und Hannover, im Sommer 2016
Kuno Kohn / Michael Wüstenberg

---

* Die Autorinnen und Autoren sind namentlich genannt; wenn nicht anders vermerkt, stammt der Text von Kuno Kohn.

Michael Wüstenberg

Glaubenszeugnis bei Beerdigungen in Südafrika

Wichtige Anregungen zur Einführung von Beerdigungsleitern oder Osterzeugen im Bistum Hildesheim kamen von Begegnungen und Berichten aus meinem Bistum Aliwal im Hinterland Südafrikas. Beerdigungsleiter einzusetzen war aber nicht unsere eigene Erfindung, auch nicht von anderen in Südafrika. Der Einfluss des Zweiten Vatikanischen Konzils spielte hierbei eine große Rolle. Denn dieses Konzil hat in erstaunlicher Weise eine Stimme „vom Rande", die der kleinen Theresa, wahrgenommen, der Heiligen, die viel bis dato Ungewohntes angefangen hatte: die kleine Theresa war Feuer und Flamme für die Mission, praktizierte freies Beten, las selber die Bibel – dies und mehr, was gar nicht selbstverständlich war zu ihrer Zeit. Heute wird das als belebende Erneuerung geschätzt. Darüber hinaus hat das Konzil auch auf Entwicklungen wie die der liturgischen Bewegung aufgebaut.

Auch vom Volk Gottes hat das Konzil auf ganz neue Weise gesprochen. Es hat an die Taufbegabung aller Christen deutlich erinnert, ihre aktive Beteiligung im Leben der Kirche als selbstverständlich betont. Partizipation war das Stichwort. Alle sollten ihre Taufgaben entwickeln. Der vom Konzil erneuerte Ritus der Kindertaufe gab in Südafrika die Richtung an. Waren zuvor die Kinder bei der Taufe wie Erwachsene angesprochen worden, so als ob sie selbst antworten könnten, wurden nun Eltern und Paten nach ihrer Bereitschaft befragt. Für die Salbung nach der Taufe wurde ein schöner Text eingefügt, der endlich ins Wort brachte, was vorher schon galt, aber ungesagt blieb: Alle haben Anteil an Christi Aufgaben als Priester, Prophet und König. Und diese Zusage soll durch das Engagement der Eltern und Paten Wirklichkeit werden. Hier wird deutlich, dass empfundener Priestermangel nicht der Ausgangspunkt für die Einführung auch der Beerdigungsleiter war, sondern der verantwortliche Umgang mit den in der Taufe gefeierten Gaben.

Als guter Nährboden für diese drei Taufämter wurden Kleine Christliche Gemeinschaften (KCGs) eingeführt. Dort treffen sich Katholiken aus der Nachbarschaft regelmäßig, um anhand der Bibel über Leben und Glauben zu sprechen und sich gegenseitig zu bestärken. Dort werden oftmals auch die Begabungen entdeckt, mit denen man sie, nach guter Ausbildung, für Aufgaben in der Kirche als Leiter, hier *Leader* genannt, einsetzen kann.

Dies alles geschah in den 1970er und 1980er Jahren. 1989 wurde dann von der Südafrikanischen Bischofskonferenz ein Pastoralplan veröffentlicht. Er buchstabierte für die gesamte Kirche Südafrikas aus, wohin es gehen sollte. Der Titel „Community Serving Humanity" („Eine Gemeinschaft, die der Menschlichkeit dient") benennt das Ziel. Das war neu, die „Methoden" waren alt. Oder besser: Sie lagen schon lange vor: Kleine Gemeinschaften und Leader erweisen sich als entscheidende „Methoden", Menschlichkeit und aktive Teilnahme zu fördern. Die kleinen Gemeinschaften wurden wesentliche Bausteine für die lokale Kirchenentwicklung.

Aliwal ist ein ländliches Bistum mit kurzer Tradition. Seit 1923 gibt es die katholische Kirche in organisierter Form. Das erscheint eher als eine urkirchliche Situation; nicht einmal hundert Jahre dauert die lokale Kirchengeschichte. Wie in der Urkirche wird vieles noch ausprobiert. Man versucht herauszufinden, wie Dinge im jeweiligen Kontext am besten gehen können. Das generelle Kirchenbild wurde von den deutschen Missionaren vom deutschen Pfarrbild der Zeit abgeschaut. Trotz der Kürze der Zeit gab es eine Traditionsentwicklung. Als Veränderungen – gerade nach dem Konzil – vorgeschlagen wurden, hieß es auch hier bei manchen: Alles soll so bleiben, wie es immer war. Nur wann war das „Immer" in der kurzen Zeit? Romantisierende Erinnerungen Einzelner können blind machen für das, was vom Glauben her angemessener und als pastorale Entwicklung notwendig wäre. Denn inzwischen spüren wir auch hier, dass die Gaben der Glaubenden eine Antwort auf die inzwischen kleinere Zahl der Priester sind. Unter den verschiedenen Aufgaben der Leader findet sich auch die der Beerdigungsleiter. Anfangs waren es erst Männer, dann kamen auch Frauen hinzu. Das war manchmal ein mühsamer Weg, aber auch da machte sich Menschlichkeit breit, christliche Menschlichkeit, die eben die Taufgaben von allen, Frauen und Männern gleichermaßen, anerkennt. Wer sind dann diese Leader? Manche werden fragen, ob es Angestellte der Kirche sein sollten; in unserem Falle wären das die Katechisten gewesen. Das schien die nächstliegende Wahl zu sein. Man hat mich aber früh auf eine Gefahr aufmerksam gemacht, die ich dann, mit „neuen Augen", selbst bemerkt habe, so wie andere mir von ihr erzählt haben: Da, wo sogenannte Hauptamtliche Leadership und auch Beerdigungen übernehmen, werden die Gemeinden passiv, Partizipation ist gefährdet. Da, wo Hauptamtliche hauptsächlich begleiten und Leute zu ihren Diensten befähigen, entwickelt sich normalerweise ein aktives Gemeindeleben, in dem Gemeindemitglieder Verantwortung übernehmen und in ihrem Glauben in vorher ungeahnter Weise wachsen.

Ich hatte einmal ein schönes Gespräch mit einer Schwester aus England über ihre Aufgabe als Hauptamtliche. Sie wurde richtig ärgerlich, als man ihre Rolle als die einer „Jüngerin" bezeichnen wollte. „Ich will keine Jüngerin sein! Ich will Hebamme sein." Das war es, wie sie ihre Rolle sah: Leben und Begabungen auf den Weg zu helfen, nicht aber den Neugeborenen, den im Geist Wiedergeborenen, ihre Aufgaben abzunehmen.

Manche nannten die Katechisten – unsere Form der nichtgeweihten Hauptamtlichen – die „rechte Hand" des Pfarrers. Sie leiteten Beerdigungen, wenn der Priester nicht dabei sein konnte. Und wenn dann der Katechist einmal ausfiel, dann standen sie da, die Katholiken, und wussten sich nicht anders zu helfen, als einen Pastor aus einer anderen Kirche zu bitten, um die Beerdigung und die Ansprache zu halten.

„Jetzt können es die ‚Römer‘ selbst", sagte einer dieser Pastoren vor einigen Jahren. Und er war stolz auf „seine" Römer, die Katholiken. Was war geschehen? Die Katechisten waren entweder pensioniert worden oder fanden andere Arbeit. Nun gab es Beerdigungsleiter aus den Gemeinden selbst.

Als ich 1992 in die sich gerade entfaltende Arbeit mit Leadern dazukam, war ein Schwerpunkt das Training von liturgischen Leadern für die Karwoche. In vielen der verstreuten Dörfer hatten die Gläubigen diese Liturgien von Palmsonntag, Gründonnerstag, Karfreitag und Ostern vorher nie erlebt, weil sie nur an zentralen Orten gefeiert wurden. In aussagekräftiger Weise durch gut gestaltete Liturgien sollten so viele wie möglich den Durchgang durch Ungerechtigkeit, Leiden, Sterben hinein in Lebensfülle mitvollziehen. Uns lag daran, so vielen wie möglich die Erfahrung dieses mystagogischen Übergangs zu eröffnen – geleitet von ihren eigenen Leadern.

Auf solchem Erfahrungshintergrund waren die Leader gut vorbereitet, Osterzeugen zu werden. Dabei fand eine wichtige Rollenverschiebung für die Priester statt. Eine ihrer wesentlichen Aufgaben wurden nun das Training und die Begleitung der Leader. Manchmal zentral, aber meistens örtlich durchgeführt, bewirkte die Zusammenarbeit in der Ausbildung auch einen Vertrauenszuwachs zwischen Leadern und Priestern.

Die Leader arbeiten niemals allein, immer im Dreier-Team. Und sie ziehen andere hinzu und beteiligen sie, als Lektoren zum Beispiel oder als Chor, denn Singen ist hier in Südafrika eine Selbstverständlichkeit. Es ist keine bloße „Dekoration", die man ebenso auch weglassen könnte. Wenn mich Besucher aus Deutschland fragen, was da gerade gesungen wird, dann ist man oft erstaunt. „An den Strömen von Babylon, da saßen wir und weinten", „Mein Gott, mein Gott, warum hast Du mich verlassen". Diese Anfangsverse der Psalmen 137 oder 22 werden mit einer inbrünstigen Freude gesungen, die den Zuhörern die Sprache verschlagen kann, wenn sie vom Inhalt erfahren. Das kann eben nur Musik: Ganz verschiedene Emotionen und Sichtweisen gleichzeitig ausdrücken. Was Psalm 22 über die Verlassenheitsangst hinaus weiß, nämlich „… er hat mich nicht verachtet" (Ps 22,25) und „Deine Treue preise ich in großer Gemeinde" (22,26), das bricht beim Singen des ersten Verses schon durch die Melodie durch. Ein Osterzeugnis ganz besonderer Art. Leader geben anderen Raum, dieses Zeugnis erfahrbar zu machen.

Sollte man die Beerdigungsleiter Virtuosen nennen? Könner sind sie fürwahr, wenn sie schon durch solch gemeinschaftliches Tun ihre Osterbotschaft erklingen lassen und sie dann auch in Verkündigung, im Zeugnis ihrer Predigt weiterführen. Während ich im Predigtunterricht für zu diplomierende Theologen oft naseweise Textbuchansprachen hörte, erlebe ich hier auch durch Leiden gereifte Graswurzeltheologie, die in ihrer ergreifenden Weisheit unbeirrt und gelassen Zeugnis vom Leben gibt.

Solche Virtuosen werden am besten in den Kleinen Christlichen Gemeinschaften entdeckt. Dort kennen sich die Leute. In einem Prozess der Unterscheidung der Geister werden manche erst auf ihre Gaben aufmerksam gemacht. Sie mögen sogar entdecken, dass das, was sie selbst als Schwäche erfahren haben, Krankheit, Krebs, AIDS, Verlust von Angehörigen, Kindern oder Verwandten … eine Quelle von Kraft und neuer Lebensfreude werden kann. Das macht echte Osterzeugen aus: „Wenn ich schwach bin, dann bin ich stark" (2 Kor 12,10), wie Paulus es sagt.

Solche Gaben darf man nicht verkommen lassen. Ich sage es immer wieder zu Priestern und Leadern: Wenn wir als pastorale Mitarbeiter eine Region oder Aufgabe anvertraut bekommen, dann bringen wir dort nicht nur unsere persönlichen Begabungen, Talente und auch Grenzen ein. Dann bekommen wir womöglich 3000 oder mehr Gaben dazu: die der Gemeindemitglieder. Und mit denen sollen wir ja wuchern als gute Verwalter oder Hebammen. Das legt uns Jesus im Matthäusevangelium (25,14–30) nahe.

Und was passiert, wenn sich herausstellen sollte, dass ein Leader mal nichts taugt? Das kann vorkommen. Dann – und das ist einer der Vorteile, wenn sie in den Gemeinden entdeckt und gefördert werden – sehen die Gemeinden es als ihre Aufgabe an, korrigierend einzugreifen, zu helfen. Sie haben sie gewählt, sie haben das Problem, und meist werden sie diese Leader durch integrierende Maßnahmen „bei der Hand nehmen". Hintergrund dieser Praxis ist ein Kirchenbild, das nicht mehr in Kategorien von Abhängigkeiten arbeitet, sondern die Beteiligung aller und die gemeinsame Verantwortung in einer Gemeinschaft von Gemeinschaften sieht.

Die Menschen werden also – abgesehen von den Priestern, die bei Beerdigungen die Messe feiern, wenn sie denn verfügbar sind – von den eigenen Gemeindemitgliedern beerdigt. Würde jemals gefragt werden, ob Hauptamtliche Beerdigungen leiten könnten, wäre die klare Antwort: Wenn sie als Ehrenamtliche in ihrer Gemeinde als für diesen Dienst geeignet befunden werden, dann können sie das wie alle anderen auch tun. Allein qua Amt darf ein „pastoral worker" niemanden beerdigen; immer ist es die Gemeinde, die dazu beruft. Der Dienst und die Würde der Hauptamtlichen liegen in ihrer Hebammentätigkeit in unterschiedlichen Bereichen der Pastoral, in der Befähigung der Getauften, einen ihren Charismen entsprechenden qualitativ guten Dienst zu leisten.

Die Beerdigungsliturgie sieht als wesentlichen Bestandteil die Feier der Eucharistie vor. Dies ist vor dem hiesigen kulturellen Hintergrund, in dem Familienmähler bei Beerdigungen eine große Rolle spielen, gut verständlich zu machen. In Übergangsriten sind Mähler ein entscheidendes Element, das Einheit schafft und neue Sicherheiten gibt, wenn man von der Ehefrau zur Witwe, vom Kind zum Waisen, vom Versorgten zum Versorger wird und alles durcheinandergerät. Die große Solidargemeinschaft arrangiert sich neu nach dem Verlust eines ihrer Mitglieder.

Wenn man ernst nimmt und im Glauben als wahr erfahren hat, was wir behaupten, dann ist dieses eucharistische Mahl von unschätzbarer Bedeutung für die Überlebenden: Unerledigt Gebliebenes wird in den Raum von Frieden und Versöhnung gestellt, Einheit gestiftet untereinander und mit Christus, der wortwörtlich eins wird mit uns als das Brot des Lebens. Während derzeit Kommunionfeiern gelegentlich helfen, diese

Erfahrung zu eröffnen, bleiben grundsätzlich Fragen an die Weiterentwicklung und Gestaltung der Dienste im Blick auf die Eucharistiefeier bestehen, damit die spirituelle Kraft dieser Feier nicht ein leeres Versprechen bleibt. Die Frage nach der Befähigung zur Leitung von Eucharistiefeiern stellt sich mit aller Deutlichkeit.

Wenn ich diese Gedanken mitteile, dann hoffe ich, dass eines deutlich wird: An dem Beispiel von Beerdigungsleitern (oder Osterzeugen) können wir sehen, wie Gemeindebildung, Glaubenswachstum und aktive Partizipation auch vom Bereich der Beerdigung und Trauerbegleitung her geschehen kann und miteinander verbunden sind. Re-animation, Wiederbelebung der Kirche selbst geschieht durch gelungene Antworten auf grundlegende Glaubensanliegen. Diese „Osterzeugenschaft pur" hat andere begeistert, angesteckt! Ich würde mich freuen, wenn das, was in Deutschland weiterentwickelt wurde und in diesem Buch nun vorgestellt wird, andere ermutigt, ihre kreativen Fähigkeiten gemeinsam freizusetzen und etwas von der beglückenden Absicht zu erfahren: „Seht, ich mache alles neu" (Offenbarung 21,5).

„Gut gelungen fand ich die Einbindung des Kurses in das Kirchenjahr: die Zeit zwischen Aschermittwoch und Ostern, um mich in die Osterhoffnung ‚hineinzufragen' und mir persönlich klar (oder klarer) darüber zu werden, was der Glaube an die Auferweckung Jesu für mich bedeutet. Diese persönliche Bewusstmachung war im Nachhinein für mich sehr hilfreich …

Auch das zweite Modul lag gut zwischen Ostern und Pfingsten, mit dem besonderen Charakter der Jahreszeit und dem prallen Frühling mit seinen wunderbaren Lebenszeichen.

Die Aussendung an Pfingsten selbst war ein sehr beeindruckender Höhepunkt, von dem ich eigentlich noch heute zehre; ebenfalls zeitlich gut gelegen am Übergang zum Alltag im Kirchenjahr mit dem Rückenwind des Heiligen Geistes."

Im Kielwasser von Konzil und Synode (Kurs-Buch I)

Osterzeugen – das Wort ist neu. Ebenso mag die Rede von „Ehrenamtlichen Begräbnisleitern" ungewohnt klingen. In diesem Buch wird davon berichtet, wie es dazu kam: wie es gelungen ist, in den Gemeinden ehrenamtliche Begräbnisleiter als Osterzeugen zu gewinnen.

Entstanden ist eine Art Reisebericht. Ein Bericht darüber, wie bei uns im Bistum Hildesheim die alte grundsätzliche Frage nach dem, was wir als Kirche sind, im Rückgriff auf das Konzil und die Würzburger Synode neu Fahrt aufnahm. „Auf neue Art Kirche sein" hatten wir uns in einer Diözesansynode auf die Fahne geschrieben. Auf neue Art Gemeinde sein ... Auf neue Art Christin und Christ sein. Es ging also schon sprachlich mehr ums „Sein" als ums „Tun". Ums Erkennen, was wir sind. Und das dann gelebte Wirklichkeit werden zu lassen.

Die Analyse der Situation war schnell gemacht, wie es um uns steht, schon hinlänglich bekannt:

... weniger junge Menschen (wie überall)
... weniger, die mit Hilfe christlichen Glaubens ihr Leben gestalten
... weniger Kandidaten für Gremien
... weniger an Schwung, Elan ...

Und als Spiegelbild dazu ein vielfältiges „Mehr"
... an Arbeit und Aufgaben, für die, die (noch) da sind
... an Arbeit für Hauptberufliche und Ehrenamtliche
... an Gremien
... an Beerdigungen.

„Auf neue Art Kirche sein" braucht zuerst mutige Realisten. Braucht Menschen mit brennenden Herzen, mit einer Vision.

Augen, die im Mangel wichtige Hinweise entdecken. Herzen, die im Schmerz des Abschieds von Gewohntem nach einer Zeit der Trauer neu entflammbar sind. Und dann braucht es Köpfe, die im Nachdenken und im Blick auf die Vielfalt vergangener Gestalten christlichen Glaubens den Rahmen vertrauter Plausibilitäten sprengen. Es braucht kirchlich Verantwortliche, die sich an göttlichen „Rahmenbedingungen" orientieren wollen und schier Unmögliches für möglich halten. Menschen, die von Ostern kommen und allem Sterbenden nur kurzzeitige Verfallsdaten zugestehen. Gerade wenn es um Formen für christlichen Glauben geht, sind so viele Gewänder möglich – und existieren schon in der Weltkirche.

Die hier beschriebenen Erfahrungen stammen aus dem Norden Deutschlands. Der Bogen spannt sich vom katholischen Eichsfeld bis hin zur Diasporasituation von häufig weniger als zehn Prozent Katholiken. Mancherorts lebt bei uns im Norden, noch stärker im Osten unseres Landes, ein Viertel ungetaufter Menschen. Dabei handelt es sich nicht überwiegend um Moslems oder Angehörige anderer Religionen, sondern um Menschen, die keinerlei „kirchische" oder religiöse Prägung erlebt haben. So wird eine Beerdigung in weiten Teilen zu einer Situation von „Erstverkündigung".

Es scheint realistisch, „mehr oder weniger" ähnliche Entwicklungen auch weiter südlich oder westlich zu vermuten – der Osten unseres Landes hat seine sehr eigene Geschichte und Aufgaben für die Zukunft. Klar, dass sich Stadt und Dorf unterscheiden und auch noch einmal ein Dorf bei Kiel von einem im Bayerischen Wald. Natürlich hat jede Gemeinde ihre Eigenart, und Nachbargemeinden können wie in unterschiedlichen Welten beheimatet scheinen.

Wenn wir den Blick auf die Beerdigungspraxis in den Gemeinden richten, wird auf der einen Seite deutlich, dass die Formen der Bestattungen vielfältiger werden und persönliche Gestaltung immer häufiger eingefordert wird. Es wächst die Anzahl der Angehörigen, die zur Trauerfeier besondere Lieder wünschen, Lieder oder Texte, die im Leben der verstorbenen Person oder in der Familie insgesamt eine wichtige Rolle spielen. Die stets wachsende Anzahl von Rednern oder anderen, die beruflich Beerdigungen nach den Wünschen der Angehörigen gestalten, erhöht den Anspruch auch an Trauerfeiern im Rahmen einer Kirchengemeinde. Für Priester und andere, die bislang meistens für Beerdigungen zuständig sind, wächst so etwas wie Konkurrenzdruck. Es braucht mehr Zeit, die Feier auf dem Friedhof und in der Kirche ansprechend zu gestalten. Diesem Mehr an Zeit für Vorbereitung und auch Absprachen z. B. wegen Musik, die eingespielt werden soll, wegen Fotos, die nach dem Wunsch der Angehörigen neben dem Sarg platziert werden sollen, und andere Wünsche – all dem stehen normalerweise immer weniger Priester und Diakone gegenüber, die für Beerdigungen zuständig sind. In den immer größer werdenden pastoralen Seelsorgeräumen wächst die Belastung der Einzelnen deutlich. Viele von ihnen sagen, sie seien am Limit oder schon darüber hinaus. Andere fühlen sich auch dadurch belastet, dem eigenen Anspruch auf gute und liebevolle Vorbereitung nicht mehr genügen zu können.

Mit diesem Erleben und diesen Fragen stießen wir auf die Praxis in Südafrika, wo Teams von Gemeindegliedern die Beerdigungen leiten. Wir stießen auf eine Goldader, nicht nur um aus einer pastoralen Notlage herauszukommen. Wahrgenommene Veränderungen und Abbrüche öffneten uns generell neu den Blick auf unsere Quellen und unser Wesen als Kirche. Der Schatz unseres christlichen Glaubens begann neu in überraschenden Farben zu leuchten. Der Reichtum von Konzil und Synoden kam verstärkt in den Blick bei der Frage, wer denn vor Ort Beerdigungen leiten kann und soll.

Deshalb lohnt es sich, dem Bericht vom Weg zu ehrenamtlichen Osterzeugen, die Begräbnisse leiten, einmal auf den folgenden Seiten nachzugehen. Denn es scheint in diesen Erfahrungen österlich auf, wer wir als Gemeinde sind – als Volk Gottes, als Getaufte. Und dass es auf diesem Weg Probleme geben wird, natürlich. Doch auch heute schon gibt es Probleme. Und was derzeit im Untergrund schlummert, erwacht häufig, z. B. wie sich das Zueinander und Miteinander der unterschiedlichen Berufsgruppen gestaltet, die Zuordnung von Ehren- und Hauptamtlichen. Ebenso leben wir mit der Erfahrung, dass schon längst Gemeindeglieder unentbehrlich sind als Glaubenszeugen bei der Erstkommunion- und Firmvorbereitung und darüber hinaus. Wer erinnert sich nicht an die Turbulenzen bei der Einführung von Kommunionhelfern und gar Kommunionhelferinnen? An den allermeisten Orten ist das längst Geschichte.

Probleme entpuppen sich oft als Chance, hat Mutter Theresa einmal gesagt. Im Zusammenhang mit dem Weg „Auf neue Art Kirche sein" im Bistum Hildesheim und bedingt und begeistert durch seine Freundschaft mit Bischof Fritz Lobinger aus Südafrika, regte Bischof Josef Homeyer ausdrücklich dazu an, sich von den Erfahrungen in Südafrika z. B. im Bibelteilen oder in Sachen Beerdigungsdienst durch Gemeindeglieder für neue Wege in der Pastoral in Deutschland inspirieren zu lassen. In seinen Richtlinien für unser Bistum schrieb er, dass Hauptberufliche nur dann mit dem Dienst des Begräbnisses in den Gemeinden beauftragt werden sollen, wenn gleichzeitig vor Ort auch Gemeindeglieder beauftragt würden. Der Bezug zur Gesamtgemeinde wurde gleich betont. Denn Tote zu begraben und Trauernde zu trösten ist seit alters Aufgabe der ganzen Gemeinde. Es gilt, diese Aufgabe für Gemeinden als Ganzes wiederzuentdecken.

Im Folgenden soll nun der Weg beschrieben werden, wie sich im Bistum Hildesheim die heutige Gestalt des Kurses zu Osterzeugen, zu Ehrenamtlichen als Begräbnisleiterinnen, entwickelte. Drei Teile, denen ein Vorlauf vorgeschaltet ist, haben sich herausgebildet: Vorkurs – Osterzeugenkurs –Werkstattkurs.

Bevor der Vorkurs beginnen kann: Vor Ort den Weg bereiten

Bevor die einzelnen Etappen beschrieben werden, soll ein Blick auf nötige Vorarbeiten in den betroffenen Dekanaten bzw. pastoralen Räumen geworfen werden. Vor allem braucht es eine klare Entscheidung vor Ort, diesen Weg gehen zu wollen. In dieser Phase ist eine intensive gemeinsame Beratung aller verantwortlichen Priester, hauptberuflichen Kolleginnen und Kollegen mit den gewählten Personen aus den Gremien der Gemeinden unerlässlich. Wenn es in der näheren Umgebung schon ehrenamtliche Beerdigungsleiter gibt, hat es sich als sehr hilfreich erwiesen, diese zu den Beratungen einzuladen, da sie schon aus eigener Erfahrung von der neuen Praxis ermutigend berichten können.

Sollten die Verantwortlichen – zumindest eine bedeutsamere Anzahl von ihnen – in einem pastoralen Raum dann Feuer gefangen haben, kann die konkrete Planung beginnen. Die vor Ort Verantwortlichen sind nun die „Botschafter" dieses neuen Weges. Sie erzählen überall in den Gemeinden, bei ökumenischen Veranstaltungen und wo immer es möglich und sinnvoll erscheint, von dem neuen Projekt. Sie schreiben davon in Pfarrbriefen und streuen so diese neuen Gedanken, damit sie immer weitererzählt werden und sich möglichst an vielen Orten verbreiten.

Der Vorkurs: Talentesuche und Bewusstseinsbildung

Die Antwort auf die Frage „Wem hat Gott die Gabe geschenkt, Osterzeuge zu sein?", braucht eine Talentsuche. Dazu machen sich die Hauptamtlichen – in Südafrika heißen sie „Pastoral workers" –, die Mitglieder von Pfarrgemeinderat und anderer Gruppierungen der Gemeinden, möglichst viele engagierte Gemeindeglieder auf Entdeckungsreise und halten Ausschau nach Menschen mit bestimmten Talenten. Hierbei geht es um den zentralen Begriff der „Gabenorientierung" in der konkreten Pastoral: Wem hat Gott welche Gabe gegeben? Wo das die Grundrichtung des Fragens ist, da kommt Gott selbst als die Quelle alle Be-Gabung in den Blick. Da nehmen wir ernst, was uns in der Taufe als Wasserzeichen eingeprägt wurde, welche Art und Weise von Gaben Gott mir bei der Salbung in der Tauffeier ganz persönlich eingeprägt hat. Die dreifache Bedeutung der Salbung zum Priester, König und Propheten/zur Priesterin, Königin und Prophetin gewinnt zentral an Bedeutung.

Paulus sagt poetisch, wir seien ein „Wohlgeruch Christi". Von diesem Pauluswort ausgehend, ergibt sich die Frage: Welche Duftnote strömt von mir aus?

Wichtig ist, dass bei diesem Fragen nach persönlichen Gaben der Kreis weiter gezogen wird, als der Radius der Gottesdienstgemeinde vorgibt. Dazu erfolgt die Einladung an verschiedene nicht-kirchliche Orte zu Themen, die sich mit Leben und Sterben, mit Trauern und Begleitung von Kranken beschäftigen. Im Themenkomplex von Krankheit, Sterben, Tod und Trauer gibt es eine höchst bereichernde Verbundenheit mit Menschen außerhalb der Gottesdienstgemeinden. Diese arbeiten oft ehrenamtlich in Bereichen wie Hospiz, Trauergruppen, Sterbebegleitung usw. Ein ganzes Heer von Erfahrenen, von solchen Fachfrauen und -männern sind jeden Tag unterwegs (darunter natürlich auch eine beträchtliche Anzahl an Gemeindegliedern).

Bei der konkreten Gestaltung dieses Vorkurses in Duderstadt, der für uns wie ein Pilotprojekt war (vgl. „Verrückt nach Leben", S. 33 ff), wurde uns deutlich, was „location" meint. Location heißt zum Beispiel, sich an Orten zu (auch kirchlichen) Themen zu treffen, die nicht gleich „nach Kirche riechen", z. B. in einer Buchhandlung zu einem Gesprächsabend zum Thema Tod und Sterben in Märchen, in der Cafeteria eines Krankenhauses, in einem Hospiz, in Räumen eines Beerdigungsinstitutes, usw. Mit Papst Franziskus gesprochen: uns im „Stallgeruch" der Menschen einzufinden … ihren Stallgeruch auch anzunehmen und auszuströmen. An solchen Orten findet sich leichter so mancher ein, dem Kirche momentan normalerweise nicht einladend, eher fremd erscheint. Ein Thema wie Krankheit, Trauer, Sterben, Tod und was nach dem Tod sein könnte, zieht an. Was gemeinsam bewegt, führt zusammen, lädt zu neuer Kontaktaufnahme ein und eröffnet Chancen für gemeinsame neue Wege.

Für diejenigen aus den Kernkreisen von Gemeinde werden diese „Neuen", die über das Thema hinzukommen, zu einer großen Bereicherung. Sowohl mit ihren Anfragen an so manche anscheinende sprachliche Selbstverständlichkeit als auch dadurch, dass sie ihre ganz eigenen spirituellen Erfahrungen mitbringen, z.B. von Wegen in Stille und Meditation, Yoga und anderer geistlicher Lebensgestaltung. Gerade im städtischen Bereich sind recht viele, die sich in den Gemeinden nicht heimisch fühlen, erstaunlich konsequent auf Wegen wie Zen, Kontemplation usw. unterwegs. Oft haben sie die eher asiatisch anmutende Variante gewählt, auch weil in den allermeisten Pfarreien solche Angebote nicht zu finden sind. Dazu fehlen in vielen Gemeindezentren geeignete Räume. Unsere Erfahrung zeigt, dass es mehr „Koalitionspartner" in unseren zentralen Fragen gibt, als viele Kirchengemeinden und die darin Aktiven gemeinhin vermuten.

Diese erste Phase des Weges hin zu Osterzeugen sollte mit langem Atem und sehr gut bedacht, gestaltet und durchgeführt werden. Ob das genau ein Jahr sein muss, bleibt vor Ort zu überlegen. Die Monate am Jahresende mit dem „Totenmonat" November eignen sich besonders gut. Insgesamt sollten es nach unserer Erfahrung nicht unter vier Veranstaltungen sein, bei denen interessierte Personen sich informieren und Kontakt aufnehmen können. Eine gute Zusammenarbeit mit örtlicher Presse kann Herzen und Türen öffnen. Gezielte Einladung durch Plakate z.B. in örtlichen Geschäften und anderen Räumen hat sich als hilfreich erwiesen. Auch bei der Suche nach Referenten für die einzelnen Themenabende lohnt sich ein Blick über den Tellerrand von Kirchengemeinde und schon vertrauten Verbündeten hinaus. So zeigen sich oft überraschend neue Kooperationspartner wie Märchenerzähler, Trauerbegleiter, Therapeutinnen und Musiker.

Der Duderstädter Weg war ein echter Glücksfall. In einem für alle bereichernden Miteinander von Verantwortlichen der Hospizbewegung, der Fachschule für soziale Berufe und einem Projekt der Kirche im Rahmen von Lokaler Kirchenentwicklung im Bistum Hildesheim wurde ein breit gefächertes Programm möglich. Abgespeckt bzw. anderen Verhältnissen angepasst ist so ein Weg mit Kooperationspartnern überall möglich und lohnend. Er ist Rahmen und ermöglicht eine möglichst breit angelegte Talentsuche, ein Entdecken von Gaben.

Wer mehr darüber erfahren möchte, lese weiter in dem Artikel von Luzia Neubert, „Verrückt nach Leben" (S. 33–39). Eine grundsätzliche Sichtung zum Thema bietet Bernd Galluschke mit seinem Beitrag „Entdeckungsreise vor Ort – Gabenorientierung" (S. 27–32). Wer der weiteren Gestalt des Kurses folgen möchte, lese weiter unter der Überschrift „Im Kielwasser von Konzil und Synode (Kurs-Buch II)" (S. 41). Dieser Exkurs unterstreicht noch einmal die Bedeutung gabenorientierter Arbeiten (vgl. auch S. 111–113).

Das Besondere für mich an der Ausbildung waren:
- der Ausgangspunkt „Gottes Lebensweg mit uns", die persönliche Bewusstmachung: Was glaube ich? Welche Bedeutung hat Ostern für mich? Was kann ich darüber sagen? Kann ich darüber sprechen?
- das Handwerkszeug für die praktische Arbeit: viele Beispiele, viele Texte – die schwarze DIN-A5-Mappe nutze ich gern – viele praktische Übungen
- die Vermittlung theologischer Grundlagen in für uns verständliche Sprache
- der gute Kontakt in dieser Zeit: Die Atmosphäre war sehr angenehm, ich habe mich gut aufgehoben gefühlt und konnte offen sein, konnte nehmen und geben
- das gemeinsame Gebet, etwa die Abschlussrunde mit der Kerze

---

Bernd Galluschke

Entdeckungsreise vor Ort – Gabenorientierung

Gabenorientierung – ein Weg, sich selbst und seinen Platz in der Kirche und der Gesellschaft zu entdecken und dabei glücklich zu werden und andere glücklich zu machen.

Seit ich vor über zehn Jahren bei einem Kongress der Willow-Creek-Community-Church (der größten US-amerikanischen Freikirche) in Düsseldorf das D. I. E. N. S. T.-Seminar kennenlernen konnte, bin ich begeistert von diesem Ansatz, glücklich zu werden: Ausgehend von persönlichen Neigungen, mit biblischen Grundlagen versehen, angereichert mit wissenschaftlichen Erkenntnissen und einer guten Didaktik, kann man sich und seine eigenen Gaben und Charismen, die von Gott gegeben sind, besser erkennen oder überhaupt erst entdecken.

D. I. E. N. S. T. bedeutet: Dienen im Einklang mit seinen Neigungen, Stärken und Talenten, dienen, damit der „Leib Christi" erfahrbar wird.

Der Ansatz ist praxisnah und zutiefst geistlich, denn es werden immer wieder Bezüge zur Heiligen Schrift hergestellt. Nie geht es um eine Wertung von Fähigkeiten – alles, was Gott uns an Persönlichkeitsmerkmalen geschenkt hat, ist gleich wichtig und gleich gut für den Aufbau des Reiches Gottes in dieser Zeit. So ist es das primäre Ziel des Seminars, ein neues oder verstärktes Bild von sich selbst und schließlich in Konsequenz von der Pfarrgemeinde zu entdecken.

Aber jeder ist auf seine Art und Weise berufen, seine Gaben zu geben. Setzen wir sie nicht für andere ein, werden diese Gaben verkümmern und letztlich verschwinden.

Wie ich es selbst bei meinen USA-Aufenthalten wohltuend erlebt habe, ist dort in vielen Gemeinden für viele Christen klar, dass ihr Kirchenbild der „eine Leib mit vielen Gliedern und Christus als Haupt" ist. Und in diesem Bild ist jeder und jede Einzelne ein wichtiges Puzzleteil mit seinen Gaben, damit das Bild von Kirche sichtbar wird und der eine Leib eine erkennbare Form bekommt.

Um die eigene Persönlichkeit und damit den eigenen Beitrag für das Bild des einen Leibes besser verstehen zu können, so wie uns Gott berufen hat als Teil seines Leibes, der Kirche, arbeitet das Seminar neben theoretischen und biblischen Impulsen mit guten Selbsterfahrungselementen, Einzelbesinnungen und Gruppengesprächen.

Mit Mitgliedern aus einer Baptistengemeinde, mit Christen aus der katholischen Pfarrgemeinde und meinem Team von hauptamtlichen Theologen habe ich dieses Seminar mit einer Trainerin vor mehr als zehn Jahren selbst erlebt und mich dabei von Gott her neu entdeckt – gerade auch durch die Gespräche mit den anderen Teilnehmern.

Mit diesen beiden Erfahrungen war für mich klar, dass das sog. Dienst-Seminar das Medium ist, Ehrenamtlichen zu helfen, sich in ihren von Gott geschenkten Gaben selbst zu entdecken und ihre Sendung zum Aufbau von Kirche und Gesellschaft zu verstehen.

Die Grundlage einer gabenorientierten Pfarrgemeinde ist, was Paulus über die Freiheit sagt:

„Gott hat euch zur Freiheit berufen, meine Brüder und Schwestern! Aber missbraucht eure Freiheit nicht als Freibrief zur Befriedigung eurer selbstsüchtigen Wünsche, sondern dient einander in Liebe" (Gal 5,13).

Auf dieser Basis geht es auf eine Entdeckungsreise, um sich selbst, die eigenen Neigungen und Gaben und den eigenen Verhaltensstil zu verstehen.

Sich mit den eigenen Neigungen auseinanderzusetzen fällt in der Regel Erwachsenen nicht leicht: Wofür schlägt mein Herz? Wofür brenne ich? Für welche Themen oder Menschengruppen? Oftmals ist dabei die christliche Grundprägung, für alle Menschen da sein zu sollen und zu wollen, ein Hindernis. Es ist aber gerade wichtig, ehrlich mit sich selbst zu sein und zu-

zugeben, zu welchen Gruppen (z. B. Kinder, Erwachsene, Kranke ...) man sich hingezogen fühlt. Das Nachdenken darüber wird durch einen Austausch in Kleingruppen bereichert.

Im nächsten Schritt gilt es, mit einem breit angelegten Fragebogen für sich selbst herauszufinden, welche der von Paulus im 1. Korintherbrief aufgelisteten Gaben dem Einzelnen geschenkt sind. Das Ergebnis wird gegengelesen mit einem Fragebogen, den Bekannte, Freunde oder Ehepartner für den Einzelnen möglichst ehrlich ausfüllen. Daraus ergibt sich ein ziemlich treffsicheres Bild eines Gabenmixes, wie die Erfahrung nach zehn Jahren Arbeit mit diesem Instrumentarium (mit weit über 250 Teilnehmern) lehrt.

Es ist anzumerken, dass sich diese Gaben im Lauf des Lebens erstaunlicherweise verändern, was die Teilnehmer bestätigen, die das Seminar vor längerer Zeit schon einmal besucht haben. Für mich ist das kein Wunder, denn wenn wir uns aus dem Geist christlicher Nächstenliebe in der Kirche und Welt für andere einsetzen, arbeitet Gott nicht nur mit, sondern auch an uns und gibt uns neue Fähigkeiten, Talente, Gaben, die für eine neue Aussendung nötig sind. Diese Veränderung gilt es gut im Blick zu behalten, widerspricht sie doch der Einstellung, eine einmal übernommene Aufgabe für alle Ewigkeit weiter ausüben zu müssen. Der Frust eines in einer Aufgabe lange bewährten Ehrenamtlichen kann auch darin seine Ursache haben, dass jemand etwas weiter tut, wofür seine Begabung „erloschen" ist.

Das dritte Element ist ein kleiner Test, der den Verhaltensstil in bestimmten Situationen zu analysieren versucht. Es geht dabei darum, herauszufinden, welches „Persönlichkeitsprofil" dem Einzelnen zu eigen ist: Ist jemand eher aufgabenorientiert (Energie kommt aus der Erfüllung von Aufgaben) oder eher menschenorientiert (Energie kommt aus der Pflege von Beziehungen), eher offensiv/dominant (es sind viele Möglichkeiten nötig, um flexibel zu entscheiden) oder defensiv/gewissenhaft (alles muss genau geplant werden, ohne große Spontaneität). Fügen wir die erhaltenen Erkenntnisse zusammen, so ergeben sich eine Art Puzzle-Teile, die, mit den Elementen und

Puzzle-Teilen anderer Mitglieder der Gemeinde verbunden, ein neues Bild von Kirche ergeben – es ist der Leib mit vielen Gliedern, von dem Paulus spricht – und in dem jeder und jede ein wichtiger Teil des Ganzen ist, damit ein Bild von Pfarrgemeinde entsteht und Christus heute durch uns gemeinsam sichtbar wird.

Eine beglückende Mitarbeit und Gestaltung von Kirche und Gesellschaft hat mit dem Übereinstimmen von drei Faktoren zu tun: Sollen – Können – Wollen müssen symphonisch zusammenklingen, damit Menschen ihren Dienst am Reich Gottes effektiv und ausstrahlend tun können. Wenn Sollen und Wollen ohne Können zusammenfallen, dann entsteht Frust für alle Beteiligten. Wenn Sollen und Können aber ohne Wollen zusammenkommen, dann gibt es Blockaden. Und wenn Können und Wollen ohne Sollen, also Regeln und Verbindlichkeiten, zusammengehen, dann entstehen Konflikte.

Das lässt sich für alle Bereiche ehrenamtlicher Tätigkeit in einer Pfarrgemeinde und gleichermaßen für jede ehrenamtliche Tätigkeit auch im Sportverein durchspielen. Versuchen Sie es einfach mal – es passt immer.

Das Seminar kann die Teilnehmer fit machen, d. h. sie entdecken lassen, wie die drei Faktoren zusammenklingen können und welches Betätigungsfeld in Kirche und Gesellschaft sich daraus ergibt, um erfüllt und erfüllend oder eben glücklich als Christ zu leben und sich zu engagieren. Auf dieser Entdeckungsreise von sich selbst und vom Handeln Gottes an der eigenen Person ist die Seminar-Gruppe eine sehr wichtige Ressource mit ihren Wahrnehmungen des je anderen, als „reflecting team", das sich gegenseitig hilft, Gott auf die Spur zu kommen.

An einem der Seminare nahm vor ein paar Jahren eine kirchlich eher distanzierte Dame teil. Im Lauf des Seminars und in einem abschließenden Beratungsgespräch stellte sich heraus, dass für sie die Trauerbegleitung ein Weg sein könnte, der z. B. in einem Kolumbarium konkret werden könnte. Nach einer Überlegensphase entschied sie sich, diesen Weg zu gehen. Vor dem Seminar wäre sie nie auf solch eine Idee gekommen, wie sie versicherte. Mittlerweile ist ihr Engagement für Trauernde und im Kolumbarium ein Dienst, der sie und viele andere erfüllt, und Schritt für Schritt setzt sie immer mehr Zeit dafür ein.

Das ist nur eine „Erfolgsgeschichte" des Gabenseminars, zu der auch vollzogene Berufswechsel oder Übernahme von Verantwortung als Spielführer in einer Handballmannschaft gehören etc.

Gerade im Prozess der Gestaltung einer Pfarrgemeinde als lebendiger Leib Christi und eng verbunden mit der Suche nach Heimat in einer mobilen Gesellschaft, hilft der Weg einer Gabenorientierung, um Sammlung und Sendung effektiv zusammenzubringen. Dietrich Bonhoeffer schreibt dazu: „Sammlung ohne Sendung ist Ghetto, Sendung ohne Sammlung ist Boulevard." Dies beachtend, hat Kirche auch morgen Zukunft.

Meiner Meinung und Erfahrung nach sollten alle Ehrenamtlichen, die eine Aufgabe in der Pfarrgemeinde übernehmen, ein Seminar der Gabenorientierung erlebt haben. Vor allem die Christen, die Verantwortung in der Pfarrei übernehmen sollen und wollen, können so selbst überprüfen, ob sie dafür geeignet sind. Aber auch Engagierte, z. B. im Bereich der Jugendarbeit, werden verstehen, was ihre Rolle in der Gruppe ist, usw. Vor allem aber interessierte Ehrenamtliche, die eine Aufgabe suchen, oder Christen, die mit der übernommenen Aufgabe unzufrieden sind, werden wichtige Erkenntnisse darüber gewinnen, wo ihr Feld für Engagement sein kann, um damit selbst glücklich und für andere ein Geschenk zu sein.

Wenn jemand z. B. Interesse daran hat, sich als Beerdigungsleiter oder -leiterin ausbilden zu lassen, wird sie oder er wichtige Informationen über sich selbst erhalten, ob sie oder er für diese Aufgabe geeignet ist. Überhaupt sollte versucht werden, möglichst viele engagierte Ehrenamtliche für diese Seminare zu begeistern, damit sie sich erfüllter und erfüllender in der Kirche engagieren können und diese dann ausstrahlender wird.

Stellen Sie sich einmal vor, dass ein ganzer Pfarrgemeinderat dieses Seminar besucht und bei einer großen Mehrheit sich herausstellt, dass diese die Gabe der Gastfreundschaft hat. Was würde das für die konkrete pastorale Arbeit bedeuten? Sicherlich nicht, dass das Gremium einen Kirchenchor bildet, aber sicherlich, dass die schöne Gestaltung von Festen und die Einladung von Menschen zum Essen missionarischen Erfolg haben wird.

Ich bin mir sicher, dass wir immer noch zu viele Traditionen in der Seelsorge bedienen, für die wir gar nicht mehr die Gaben haben. Wenn wir das Handeln an dem Mix aus Neigungen – Gaben – Persönlichkeitsstil (vgl. S. 30) gestalten, entsteht ein wirkungsvollerer Segenskreislauf für alle Beteiligten, für die Kirche und die Gesellschaft. Und es entsteht ein neues Bild von Pfarrgemeinde – vielleicht auch mit Ehrenamtlichen, die Beerdigungen leiten. Aber das liegt nicht daran, was sich die Verantwortlichen in der Pfarrgemeinde wünschen, sondern daran, welche Gaben Gott wem wofür – für welche Aufgabe – geschenkt hat. Dies gilt es herauszufinden und damit das Profil der Pfarrgemeinde abzuleiten, wenn wir nicht nur Lücken schließen wollen, die der Priestermangel hervorruft, sondern wenn wir den Geschenken Gottes auf die Spur kommen wollen, die er den Menschen gemacht hat. Dann sehen das Bild und die Pastoral der Pfarrgemeinde vor Ort vielleicht ganz anders aus, als wir uns das vorgestellt, ausgemalt und gewünscht haben. Aber sie hat dann eine echte Ausstrahlung.

Ob es dann Beerdigungsleiter geben wird nach dem Gabenseminar, wird nicht an dessen kluger Ausrichtung liegen, sondern daran, ob Gott Menschen dafür die Neigung, die Gaben und die Persönlichkeit geschenkt hat. Und ich bin gewiss, dass er das getan hat.

PS: Eine lustige Komplometerklärung für Gabenorientierung finden Sie in einem kurzen Video von Eckart von Hirschhausen: https://www.youtube.com/watch?v=Az7lJfNiSAs

Luzia Neubert

Verrückt nach Leben

Wenn Sterben, Tod und Trauer
unser Leben ver-rückt ...

Die Duderstädter Veranstaltungsreihe „Ver-rückt nach Leben" als erster Schritt zur Beerdigungsleitung

Sind wir das nicht alle irgendwie: verrückt nach Leben?! Und dann bricht mitten im Gewohnten etwas in unser Leben ein, das unsere Lebensgewissheit und -sicherheit in Frage stellt. Wenn Krankheit, Sterben, Tod und Trauer in unser eigenes Leben treten, ist auf einmal alles anders: unsere bisherige Lebensgewissheit und -sicherheit sind auf die Probe gestellt, Fragen tauchen auf, die wir vorher überhört haben, Prioritäten verschieben sich. Leben wird an diesen Schnittstellen menschlicher Existenz ver-rückt.

In den letzten Jahrzehnten gerieten Krankheit, Sterben, Tod und Trauer zu tabuisierten Themen, die schnell überwunden werden sollten. Es ist spürbar, dass sich viele Menschen und die Öffentlichkeit heute anders damit auseinandersetzen. Diese Lebenssituationen haben mehr und mehr in persönlichen Gesprächen einen Platz und kommen so aus der „dunklen Lebensecke" wieder ins Licht. Dies ist eine wertvolle Entwicklung, denn die Auseinandersetzung mit Leben im Sterben wird unsere Perspektive aufs Leben ver-rücken und bereichern.

Welche Vorstellungen habe ich vom Tod und von einem Leben danach? Welche Erlebnisse prägen mich/uns? Wie verändert das Begleiten eines Sterbenden meinen eigenen Blick auf das Leben und meine Haltungen und Prioritäten?

Die Veranstaltungsreihe „Ver-rückt nach Leben" will Menschen ermöglichen, der Sehnsucht nach Leben im Leben und im Sterben in vielfältiger Weise Raum zum Nachspüren zu geben.

Die Entwicklung und Umsetzung einer Idee

Die Reihe „Ver-rückt nach Leben" in Duderstadt bildete die erste von drei Etappen zur Vorbereitung und Ausbildung von BeerdigungsleiterInnen. Duderstadt liegt im niedersächsischen Teil des Eichsfeldes und zählt zum Bistum Hildesheim. Konzipiert wurde dieser Ausbildungsansatz zur Beerdigungsleitung speziell für die Situation im Dekanat Untereichsfeld, anschließend gab es nach diesem Vorbild Kurse in den Dekanaten Hannover, Göttingen, Verden und Hildesheim. Weitere Dekanate werden diesem Ansatz folgen.

Die Veranstaltungsreihe „Ver-rückt nach Leben" präsentierte im Jahr 2013 an acht Abenden acht Themen unterschiedlicher Couleur und diese an acht verschiedenen Orten in Duderstadt. Acht verschiedene Zugänge zur letzten Lebensphase und dem Danach sollten die Menschen auf je eigene Weise berühren. Dabei leitete uns die Überzeugung, dass sowohl unterschiedliche Personen als auch eine Vielfalt medialer Formen jeden auf andere Weise ansprechen.

Mit acht unterschiedlichen Orten des öffentlichen Lebens, wie der Sparkasse, der Lebenshilfe, kirchlichen Häusern, einer Schule, dem Kino und dem Rathaus, sollte die Schwelle niedrig gehalten werden, damit Menschen sich trauten, diese Räume zu betreten. Monatlich wurde ein Abend angeboten, so dass die Veranstaltungen von März bis Anfang November stattfanden. Grund dafür war die bewusste Entscheidung, auch zwischen den Terminen Zeit vergehen zu lassen, damit die Inhalte wirken und sich setzen können. Ganz pragmatisch wollten wir den Menschen zugleich die Chance geben, dadurch so viele Veranstaltungen wie möglich aufzusuchen.

Die Entwicklung von „Ver-rückt nach Leben" geschah in einer Kooperation zwischen dem Dekanat Untereichsfeld, dem Hospizverein Eichsfeld e. V. und der Vinzenz-von-Paul-Schule, Fachschule für Sozialpädagogik. In einem Organisationsteam, das aus vier Personen dieser genannten Duderstädter Institutionen bestand, wurde die Reihe ein gutes Jahr lang konzipiert, bevor sie im März 2013 mit dem ersten Abend startete. Durch diese Kooperation wurde das ganze Vorhaben in dieser Form erst möglich. Zum einen konnte aus einem breiten Erfahrungs-, Ideen- und Kontaktepool geschöpft werden. Zum anderen wurden ganz unterschiedliche Kreise von Menschen angesprochen, die mit der jeweiligen Institution verbunden waren. Dieser gemeinsame Weg der Vorbereitung war geprägt durch eine sehr wertschätzende und inspirierende Umgangsweise, die vieles möglich werden ließ.

Ziel war es, mit dieser Reihe Themen ins Gespräch zu bringen, die im Alltag oft an den Rand gedrängt werden. So sollte der Boden dafür bereitet werden, dass Beerdigung und deren Gestaltung durch andere Menschen als den Pfarrer ebenso zum Gesprächsthema werden kann. Es war die Grundidee, „Ver-rückt nach Leben" als einen Baustein auf dem Weg zur Einführung von Beerdigungsleitern stattfinden zu lassen. Das zweite Ziel war es, die Menschen zu sammeln, die das Thema berührt – auch unter der Perspektive, gezielt Menschen für diesen Dienst anzusprechen. Begleitend dazu sollte das Thema Gemeindeglieder als Beerdigungsleiter durch die hauptamtlichen MitarbeiterInnen immer wieder eingebracht werden: in Gremien der Gemeinden und des Dekanats, Predigten, Pfarrbriefen oder im einfachen Gespräch mit Gemeindemitgliedern. Zugleich verband sich mit der Konzeption und Umsetzung der Reihe die gemeinsame Motivation, ein in unserer Gesellschaft oft tabuisiertes Feld zu erleuchten und andere Auseinandersetzungen mit eigenen Erfahrungen und Vorstellungen zu ermöglichen.

Um die Reihe und damit besonders auch die Themen Krankheit, Sterben, Tod und Trauer den Menschen in Duderstadt ins Blickfeld zu bringen, haben wir Flyer, Programmkarten und Plakate jeder einzelnen Veranstaltung drucken lassen und diese an vielen öffentlichen Orten sowie in Geschäften ausgelegt und aufgehängt. Vor allem die Plakate stachen ins Auge, da sie monatlich im selben Design z. B. hinter den Kassen in den Geschäften präsentiert waren. Auch in der Regionalzeitung sollte kontinuierlich von den Veranstaltungen berichtet werden, was leider nicht ganz nach unserer Vorstellung gelang. Es gibt zwar sehr gute und wohlwollende Kontakte zur Presse, jedoch war es zu diesem Zeitpunkt personell nicht möglich, jemanden gezielt für diese Reihe und die Abende bereitzustellen, um berichten zu können. Wir wollten über die Presse und die Plakate auch erreichen, dass das Thema den Menschen immer wieder begegnet, selbst wenn sie nicht an den Veranstaltungen teilnehmen. Eine bezeichnende Begegnung war, als die Besitzerin eines Spielzeugladens unsere Plakate nicht mehr aufhängen wollte, nachdem dies drei Monate lang kein Problem gewesen war. Sie sagte, Kunden hätten geäußert, dass dieses Thema doch bei Kindern nichts zu suchen hätte. Die Plakate und das Thema wurden also wahrgenommen.

Finanziert wurde das Projekt, dabei vor allem die Kosten für ReferentInnen und Öffentlichkeitsarbeit, mit Geldern des Bistums Hildesheim sowie mit eingeworbenen Mitteln von der Sparkasse Duderstadt, der Hospiz-Stiftung Niedersachsen sowie der Stiftung Gemeinsam für das Leben. Diese Unterstützung machte es möglich, ReferentInnen aus der gesamten Bundesrepublik Deutschland einladen zu können.

Die Abende standen unter folgenden Themen:
1. Tod und dennoch Leben – christliche Auferstehungshoffnung (katholischer Pfarrer des Bistums Hildesheim)
2. Wie verändert die tägliche Begegnung mit Menschen in der letzten Lebensphase mein Leben? (Leiter eines stationären Hospizes)
3. Mit den Toten leben (evangelischer Theologe und Universitätsprofessor)
4. Film „Oskar und die Dame in Rosa" mit Bücherstand einer Buchhandlung
5. Tod ist nicht gleich Tod – von der Unterschiedlichkeit zu trauern (Vorsitzende des Bundesverbands Trauerbegleitung e. V.)
6. „Für immer und immer und immer" – clowneskes Theaterstück
7. Neue Wege in Trauer und Bestattung (Bestatter eines Unternehmens, das deutschlandweit für seinen innovativen Umgang mit Bestattungen bekannt ist)

8. Humor am Lebensende (Theologe und Kommunikationstrainer)

Die Veranstaltungsreihe wurde gut aufgenommen. Gerade die Unterschiedlichkeit der Angebote brachte vielfältige inhaltliche Reaktionen mit sich. Manche fanden beim Thema Bestattungskultur genau ihre Frage wieder, andere im Kinofilm „Oskar und die Dame in Rosa", wieder andere im Abend, der sich um die Auferstehungshoffnung drehte. Zu den Veranstaltungen kamen mal 60, mal 80, mal 100 Interessierte. Viel mehr, als wir Organisatoren bei der Planung jemals angedacht hatten. Viele kamen immer wieder, und es stellte sich heraus, dass gerade der Rhythmus, nämlich eine Veranstaltung pro Monat, die Abende attraktiv machte. Wir hatten den Eindruck, viele kamen aus Hospizkreisen der weiteren Region, viele kamen aber auch aus den Gemeinden. Einige tauchten auf, weil sie das Thema interessierte, und nicht wenige kamen, weil sie selbst betroffen waren und mit dieser Betroffenheit umzugehen lernen wollten.

Wir erhielten viele positive Rückmeldungen zu den einzelnen Themen und zur Auswahl der Reihe insgesamt. Bewegend war es, in den Diskussionen und Fragen zu spüren, dass viele mit persönlichen Erfahrungen und deren Bewältigung anwesend waren und sich scheinbar angenommen fühlten. Ein großer Schutzraum bot dabei die Vielzahl an Menschen, die an den einzelnen Abenden da waren. So konnte jeder so da sein und sowohl in Anonymität als auch in Vertrautheit seinen Weg finden.

Auch in der sich anschließenden Ausbildung zu BeerdigungsleiterInnen hatte etwa ein Drittel der TeilnehmerInnen schon an Veranstaltungen von „Ver-rückt nach Leben" teilgenommen. Wir haben verschiedene Menschen an den Abenden sichten und später ansprechen können, ob sie den Dienst der Leitung von Beerdigungen für sich vorstellen könnten. Einige sagten zu und sind diesen intensiven Weg gegangen, andere konnten sich dies zumindest zum damaligen Zeitpunkt noch nicht vorstellen, und nicht wenige wollten sich noch überlegen, an einem späteren Ausbildungskurs teilzunehmen, wenn der Beerdigungsdienst durch Gemeindeglieder sich als solcher bereits besser etabliert habe.

Erkenntnisse für weitere Projekte

Eine Veranstaltungsreihe dieses Formats vor die eigentliche Ausbildung zum Dienst der Beerdigungsleitung zu stellen ist in meinen Augen ein gewinnbringender Ansatz. Dadurch wird ein breiter Einstieg in ein großes Thema ermöglicht, wodurch nicht nur viele Menschen erreicht werden, sondern auch der Fokus nicht ausschließlich auf den Dienst der Beerdigungsleitung gerichtet ist. Fragen nach den persönlichen Vorstellungen und Auseinandersetzungen mit Sterben, Tod und Trauer gerieten in den Blick und konnten angesprochen werden.

Folgende Erkenntnisse ergaben sich aus der Planung und Durchführung von „Ver-rückt nach Leben":

1. Es ist nötig, im Sinne lokaler Kirchenentwicklung die Besonderheiten des jeweiligen Ortes zu entdecken und darauf zu reagieren. Für Duderstadt, eine Kleinstadt in ländlicher Umgebung, stellte sich heraus, dass ein derartiges Angebot Menschen versammelt und bewegt. Mit solch einer Resonanz hatte ich vorab nicht gerechnet, obwohl das Thema Sterben, Tod und Trauer gesellschaftlich immer mehr Beachtung findet, sei es im Fernsehen, in Sonderausgaben von Zeitschriften oder in öffentlichen Veranstaltungen. Doch in dieser ländlichen Region gab es bisher wenige Möglichkeiten, dem Thema in derartiger Form zu begegnen – in Großstädten ist dies sicherlich eine andere Situation. Zugleich ist das Eichsfeld eine kirchlich engagierte und sozial gut vernetzte Region, so dass sich solche Veranstaltungen herumsprechen und auch die Inhalte an anderen Orten zur Sprache kommen. Es kommt also darauf an, eine solche Reihe wie „Ver-rückt nach Leben", aber auch die Ausbildung zur Beerdigungsleitung, unter Beach-

tung der jeweiligen Besonderheiten vor Ort zu entwickeln und umzusetzen.

2. Zugleich habe ich erfahren dürfen, dass alle Vorbereitungen und alles Engagement nicht allein dafür ausschlaggebend sind, ob und wie ein Abend gelingt. Oft sind es die Zwischentöne, treffende Worte, offene Begegnungen sowie bewegende Stimmungen, die einen Abend so eindrücklich machen. Dass diese Erfahrungen möglich sind, liegt nicht in unserer Hand, sondern wir verdanken sie den Menschen, die sich ansprechen lassen, und nicht zuletzt Gott. Es ist gut, ein Projekt wie „Ver-rückt nach Leben" auch geistlich zu begleiten, d. h. im Gebet diesen Weg mitzugehen.

3. Ein Projekt dieser Art kann entstehen und wachsen, wenn es möglichst viel Unterstützung findet. Es war in jeglicher Hinsicht bereichernd, die Reihe als Kooperationsprojekt zu konzipieren. Aber auch über diesen engen Kreis hinaus ist es ratsam, Unterstützer zu suchen und an möglichst vielen Stellen von dem Vorhaben zu berichten. Zudem ist auch ein großzügiger finanzieller Rahmen entlastend und lässt Ideenvielfalt wachsen. Unterstützung durch Stiftungen etc. ist bei solch einem Thema relativ unkompliziert und wird wohlwollend gewährt.

4. Zuletzt wurde deutlich, wie wichtig es ist, sich Zeit zu lassen, und zwar sowohl in der Planung als auch in der Durchführung. Auch wenn die Einführung von Beerdigungsleiterinnen und -leitern das große Ziel zu sein scheint, braucht es einen Vorlauf, der Zeit lässt. So können bisherige Überzeugungen ver-rückt werden und Offenheit für Neues, bisher Unvorstellbares aufblühen.

Im Kielwasser von Konzil und Synode (Kurs-Buch II)

Osterzeugenkurs: Talente auf dem Prüfstand (Trainingslager I)

Hat sich ein Kreis von Gemeindemitgliedern und Menschen, die sich über das Thema neu oder gar erstmals einer Kirchengemeinde annähern, gefunden, kann der Osterkurs/Beerdigungsleiterkurs beginnen. Hierbei hat sich bei uns immer stärker der englische Begriff aus Südafrika eingebürgert: „Training". Geleitet werden sollte der Kurs/das Training von einem Team von mindestens zwei Personen. Normalerweise macht sich bei uns eine Gruppe von 10 bis 12 Personen für diesen ersten Kursteil ab Aschermittwoch auf den Weg bis Ostern. Die altbewährten sieben Wochen auf Ostern hin – im katholischen Bereich Österliche Bußzeit genannt – sind ein Weg, sich neu in den Reichtum der Osterbotschaft hineinzuleben. Die Texte im liturgischen Kalender sind wie für diesen Weg des Osterzeugenkurses geschaffen. Um Tod und Leben kreisen die Erfahrungen biblischer Menschen. Es geht um oft lange und verschlungene Wege, um frei zu werden für die Liebe Gottes. Der Weg Jesu wird zur Einladung in wirklich erfülltes Leben. Leiden, ja selbst der Tod ist Teil dieses Lebensweges. Ostern mündet alles Leben in das freundliche Licht Gottes ein. Die „grüne Bibel" der Schöpfung ist in unseren Breiten ein geniales frühlingshaftes Begleitbuch Gottes für diesen Weg zum österlichen Lebensfest.

Die Leitfrage der wöchentlichen Treffen von dreieinhalb Stunden lautet: Hat Gott mir die Gabe geschenkt, Osterzeugin zu sein?

Osterzeugenkurs – allein das Wort weist die Richtung auf Inhalt und Gestalt der Treffen auf dem Trainingsweg. Dieser Begriff der „Osterzeugen" kam 2006 im ersten Trainingskurs ans Licht, als es um die Frauen am Ostermorgen am Grab Jesu ging. Diese Frauen waren die ersten Osterzeuginnen, unter ihnen Maria von Magdala.

Konkret sind die Wochen des Osterzeugenkurses ab Aschermittwoch konzipiert als Weg persönlicher Klärung. „Das war wie Exerzitien", sagen manche im Rückblick. Andere: „Endlich konnte ich meine Glaubensversuche und -fragen mal offen ansprechen." Viele erfahren, wie wertvoll die Osterhoffnung für ihr eigenes Leben ist. Von einem neu oder tiefer entdeckten Schatz ist vielfach die Rede. Und die Betonung auf „Auferweckung" (nicht auf Auferstehung, als könne Jesus allein wieder aufstehen vom Tod) lässt die Zusage der göttlichen Osterkraft auch für das eigene Sterben näher kommen – und für andere erhoffen.

Grundvoraussetzung für die Teilnahme am Osterzeugenkurs ist die Bereitschaft zum Nachdenken, besser zum Nachsinnen, welche Bedeutung die Aussagen christlichen Glaubens für mich und meinen Weg haben. Was mich positiv und hoffnungsvoll in Sachen Glauben prägte, was mich eher auf Abstand gehen ließ, all das kann noch einmal erinnert werden. Bewährtes kommt ans Licht, und alte Verwundungen können beginnen zu heilen.

Die Bibeltexte der Osterzeit sind Dreh- und Angelpunkt der Treffen. Sie laden ein, Ostererfahrungen im eigenen Leben zu entdecken und zu lernen, mein Leben und Erleben im Osterlicht neu zu lesen und zu deuten. All die Erfahrungen „kleiner Tode und Auferweckungen" lernen die Teilnehmenden im Blick auf ihr je eigenes Leben und das anderer beim Namen zu nennen. Ostertexte erweisen sich auf diese Weise als alltagstaugliche Lebenstexte, die, entschlüsselt, sich als bestärkend erweisen für unser Leben und Sterben. Der Osterzeugenkurs, bei dem es um eben dieses Entschlüsseln als einen gemeinsamen Weg geht, kann zu einer spannenden und auch einfordernden Entdeckungsreise werden. Glaube entpuppt sich als Geschenk, um das Leben in all seinen Facetten beherzt im Lichte der Liebe und Großzügigkeit Gottes zu buchstabieren.

Als sehr bereichernd beschreiben die Kursteilnehmer die Beschäftigung mit den „großen Worten" unseres Glaubensbekenntnisses. Himmel und Hölle, Gericht und Fegefeuer, Höllenfahrt … die großen Worte tiefer zu verstehen nimmt viel Raum ein bei den Treffen. Neue Formulierungen, Bilder und Geschichten zu uralten Begriffen können den Blick neu öffnen und hinderliche Verstellungen weichen lassen. So sind das, was viele häufig als Orte zu verstehen versuchen, wie der Himmel oben und die Hölle unten, häufig erlebte „Zustände" im Alltag des Lebens. Jeder weiß, was gemeint ist, wenn jemand von einem „himmlischen Urlaub" spricht oder von „höllischen Zahnschmerzen". (Sehr geglückte und in den Kursen als sehr hilfreich empfundene Neuformulierungen unserer vertrauten Glaubensaussagen durch Andreas Knapp sind im Kapitel über das Credo zu finden; s. u. S. 77–90).

Wir üben in diesem Training ein, möglichst mit der Vermutung durch das Leben zu gehen, dass an vielen Orten und in vielen Situationen schon längst Osterlicht und Osterkraft auf uns warten. Wenn die Augen zu „Osteraugen" werden, dann sehen sie tiefer, erkennen sie mit dem Herzen den wahren Grund der Dinge und gewähren der Ahnung Raum, dass da Gott schon längst darauf wartet, entdeckt zu werden. Der Gott, der sich den Namen gibt „Ich bin da", Jahwe, ich bin, wo du bist.

Schon der Begriff Oster-Zeugen macht deutlich, worin die Aufgabe der Beerdigungsleiter besteht. Es geht um das Bezeugen von etwas. Zeugen berichten von dem, was sich ereignet hat. Osterzeugen heute suchen den Kontakt mit den biblischen Osterzeugen damals. Und lauschen dem Leben heute Osterspuren ab und bezeugen ihre Entdeckungen. Sie teilen Erfahrungen von dem, was ihnen zu Herzen gegangen ist, was sie aufleben ließ. Wie es in ihnen Ostern wurde, das versuchen sie mit anderen zu teilen.

Die Bibeltexte, Gedichte und Lieder, die bei den Treffen meditiert, bedacht und besprochen werden, erwecken neue Einsichten. Abhandlungen über Bibeltexte und deren Verständnis ermöglichen tieferes Verstehen. Im intensiven Austausch bereichern, ergänzen und korrigieren sich die Kursteilnehmer. Der eigene, oft beschränkte Blickwinkel wird geweitet. Wenn im Laufe des Trainings auch die Teilnehmerinnen und Teilnehmer *ihre* „heiligen" Texte mitbringen, ihre

Lieder und Bilder, die sie schon länger ansprechen und begleiten, dann entfaltet sich ein wunderbarer Reichtum in großer Vielfalt.

Spätestens hier erfährt sich das Trainerteam auch als reich beschenkt; es gibt und empfängt. Wie Kirche und Gemeinde ursprünglich gemeint sind, wird spürbar im Beten, im Singen und in der Feier unseres Glaubens; all das prägt ganz selbstverständlich die Treffen. Vertrauen wächst beim Teilen von Erfahrenem. Phasen schweigenden Lauschens ermöglichen den Anschluss an die tiefen göttlichen Quellen in uns selbst. Hier leuchtet auf, was die Formulierung „Lokale Kirchenentwicklung" meint. Denn in einer so geprägten Trainingsgruppe ereignet sich Kirche. An diesem Ort ist Volk Gottes präsent. Wir erleben Real-Präsenz des Volkes Gottes auf dem Weg. Etwas von der pfingstlichen Dynamik der ersten Christen erwacht zu neuem Leben.

Exemplarisch wird in dieser Gestalt von Beerdigungsleiterkursen deutlich, was Begriffe wie Gabenorientierung, partizipative Leitung, Lokale Kirchenentwicklung und Kirche der Teilhabe bedeuten können. Die Worte von erneuerter Pastoral „werden Fleisch", erscheinen in einem erhellenden Osterlicht. Das Ziel, „auf neue Art Kirche zu sein", prägt schon den Weg. Und der Weg schmeckt schon gehörig nach dem, was uns am Ziel (hoffentlich) erwartet.

Der Kontrakt – die Scharnierstelle

Am Ende des Osterzeugenkurses geben die TeilnehmerInnen eine Selbsteinschätzung ab, ob sie erkennen konnten, dass Gott ihnen die Gaben geschenkt hat, die es ihnen ermöglichen, in den Dienst eines Osterzeugen/einer Osterzeugin hineinzuwachsen, wenn sie sich engagieren, diese Gaben zu entfalten.

Ebenso gibt die Kursleitung ein Votum ab. Bei Übereinstimmung wird ein Kontrakt zwischen der Person und der Gemeinde empfohlen. Der Kontrakt wird dann zwischen der betreffenden Person und dem Pfarrer sowie den gewählten

Vorsitzenden der Pastoralgremien abgeschlossen. Zuerst hat das einige Beteiligte verwundert, doch diese Form schafft Klarheit und versucht zu verhindern, dass Ausgebildete einfach wieder in der Versenkung verschwinden, wie es bei so manchen ausgebildeten Wortgottesdienstleitern der Fall ist. Dieser Kontrakt macht den potentiellen Osterzeugen noch einmal deutlich, dass sie die Rückenstärkung aus ihren Gemeinden haben und in ihrem Namen auf dem Weg sind.

Nun beginnt der zweite Teil des Trainingslagers. Dieser dauert von Ostern bis Pfingsten.

Werkstattkurs: Das Be-gabtentraining (Trainingslager II)

Bevor die „neue Mannschaft mit aufs Spielfeld geht", hat es sich bewährt, dass die Kursteilnehmer als „Praktikanten" auf Beerdigungen und zu Gesprächen mitgehen, so schon einmal „schnuppern" dürfen. Die Unterstützung der Priester, Diakone und aller anderen vor Ort, die schon Beerdigungen leiten, ist in dieser Phase der Ausbildung sehr wichtig. Für diese ist das in der ersten Zeit eine zusätzliche Belastung. Später zahlt sich die Investition reichlich aus. Für mich als Pfarrer waren solche Praktikanten auch eine Herausforderung, die Beerdigungen noch genauer vorzubereiten. Ich überdachte mein alltäglich gewordenes Sprechen und Tun neu, gewann neue Frische bei allem lange Bewährten. Und es hat mir selbst sehr gutgetan, nicht mehr allein losgehen zu müssen. Ich konnte mich austauschen und sowohl Anerkennung bekommen als auch mit Nachfragen bedacht und korrigiert werden.

In dieser Werkstattphase ist es sinnvoll, wenn die Kursteilnehmer bei der Beerdigung nicht nur dabei sind, sondern auch schon Aufgaben übernehmen: im Gewand mitzugehen, Lesungen und Fürbitten vorzubeten, die Osterkerze oder das Kreuz zu tragen usw. Mancherorts erweist es sich als sinnvoll, sogar schon Teile des Ritus zu übernehmen und so unter erfahrener Begleitung einzuüben.

Bei der immer mehr wachsenden Zahl derer, die zwar eine Trauerfeier mit Sarg wünschen, dann aber doch anschließend nach der Verbrennung des Leichnams noch eine Urnenbestattung, bietet sich für die Kursteilnehmer eine wunderbare zusätzliche Möglichkeit, noch einmal mitzugehen und so die Hauptamtlichen zu entlasten, denen das in der Regel zeitlich kaum noch möglich ist. Mit einem fest ausgearbeiteten Ritus können sie mit anderen aus der Gemeinde gemeinsam die Angehörigen zur Urnenbeisetzung begleiten. Hier liegt eine große Chance, wirklich Pastoral der Wegbegleitung zu gewährleisten. Schon vor der eigentlichen Beauftragung zum selbständigen Leiten von Trauerfeiern und Beisetzungen tragen sie so zur Präsenz von sichtbarer Gemeinde auf dem Friedhof bei.

Das gesamte Be-Gabten-Training ist ein konkreter Übungsweg. Auf ihm üben die Kursteilnehmerinnen Zeugnis-Ansprachen, machen sich mit dem Ritus vertraut, tasten sich an ihre persönliche Weise heran, Gespräche zu führen und das Gesamt einer Beerdigung zu gestalten. Sehr hilfreich sind in diesem Teil des Kurses die Anregungen aus Münster von Paus/Pietron-Menges, speziell der Ordner zum Kurs „Die Gemeinde bestattet ihre Toten". Es hat sich bei uns etabliert, dass jeder Teilnehmer zu Beginn des Kurses eine DIN-A5-Mappe dieses Münsteraner Kurses erhält. Sie enthält den Ablauf des Beerdigungsrituale sowie hilfreiche Texte, Gebete und Lieder. Mit ihren neueren Texten bietet sie die Möglichkeit, dass alle ihren eigenen Stil entwickeln können. So macht sich jeder Teilnehmer mit „seiner Beerdigungsmappe" vertraut, kann je nach Bedarf Texte ergänzen, aussortieren oder für die konkrete Beerdigung zusammenstellen. Die einhellige Resonanz ist, dass diese Mappe das „große offizielle Beerdigungsbuch" handhabbarer macht und mit den Texten in den Folien eine würdige Form hat. Diese Mappe ist wie ein Symbol des Weges: Auf welche konkrete Weise kann ich Osterzeugin sein? Welche Sprache passt zu mir? Welche Beispiele treffen? Welche Bibeltexte und Gebete kommen aus meinem Herzen? Wie feiere ich die Riten authentisch? Im Rahmen der bewährten Gestalt einer Beerdigung wird hier ein großer Reichtum in erstaunlicher Vielfalt deutlich. Ebenso werden fast „heilige Formulierungen" auf ihr Gottes- und Menschenbild hin fragwürdig. Sehr aufschlussreich war es z. B., gemeinsam zu fragen: „Was heißt das: dass Gott uns erlöst, dass er die Sünde hinwegnimmt, dass er ein gnädiger Richter ist …?" Die Notwendigkeit einer Liturgiesprache, die in der eminent missionarischen Situation einer Trauerfeier heute tauglich scheint, wird dabei deutlich. (Der Abschnitt über die „Missionarische Rede am Grab" befasst sich eingehender mit diesem Themenkomplex; s. u. S. 96–105.)

Auf dem Hintergrund des im Osterzeugenkurs Bedachten und Erlernten ist es für alle ein Herausforderung, die eigene Osterhoffnung nun zur Sprache zu bringen. Noch einmal entpuppt sich der Ausbildungsweg auch als eine anregende „Reise zu mir selbst". Bewährtes gilt es zu pflegen und ggf. zu erweitern oder zu vertiefen. Ungünstige Vorstellungen und Prägungen dürfen getrost verlernt werden. Anderes darf „zu Grabe getragen werden", manches erstarkt in neuer Kraft und Neues darf in mir erstehen.

Diese Phase des Kurses ist stets sehr intensiv. Die gegenseitige Bereicherung kann zum Fest werden. Am Ende dieser Wochen sollen alle Teilnehmenden neben all dem Geübten und „Eroberten" eine eigene Mappe haben mit den Texten und Vollzügen, die zu ihrer Persönlichkeit passen. Alle haben sich einige Beerdigungen anhand von Fallbeispielen erarbeitet. Die ersten Zeugnisreden werden den anderen Teilnehmern vorgetragen. Dieser „gespielte Ernstfall" ist für viele ein gewaltiger Schritt. Das gegenseitige Echo/Feedback ist dabei außerordentlich hilfreich. So vorbereitet, kann sich jeder mit „seinem Beerdigungsbuch" getrost auf den Weg machen. Die Zusammenstellung von Bibeltexten mit kurzer exegetischer Einordnung, exemplarischen Ansprachen, Gebeten und Geschichten – all das, was in den Wochen beider Kurse zugereicht und mitgebracht wurde, soll wie eine Schatzkiste in der konkreten Alltagssituation sein. Auch das Üben von Gesprächen mit den Angehörigen, geeignete Gesprächsanfänge in Form von Rollenspielen mit fachlichen Hinweisen zu Gesprächsführung sind wichtig und vermitteln den Teilnehmerinnen mehr Sicherheit.

Mit Händen zu greifen ist, wie sinnvoll die Zweiteilung der Ausbildung ist. Fast alle betonen das bei der Schlussreflexion und auf dem Auswertungsbogen zum Gesamtkurs. Denn zum einen geht es, zugespitzt formuliert, in diesen Kursen nicht zuerst um ein etwas ausführlicheres Erlernen von Techniken wie in einer Verlängerung bekannter Kurse für Lektoren und Leiter von Wortgottesfeiern. Hier geht es zentral um das Entdecken von Gottesgaben und die Einübung in persönliche authentische Zeugenrede. Breiten Raum nimmt das Erlernen geeigneten Handwerkszeugs ein. Die unterschiedlichen Module sind wie die Begleitung eines Geburtsvorganges. Die Gaben, die Gott unmittelbar dieser Person schenkte, sollen zur Welt kommen können, damit Kirchwerdung vor Ort authentisch geschehen kann. So kann Kirche als Volk Gottes mehr in ihre Bestimmung hineinwachsen, ein Ort zu sein, wo Talente offenbar werden und diese sich entwickeln und reifen können – je nachdem, welche Gaben der Geist eingibt.

Sich (mindestens) zu zweit auf den Weg zum Friedhof, in die Kapelle, den Friedwald zu machen nimmt die Spur Jesu auf: Er sandte sie zu zweit. Die/der andere ist so etwas wie das Sakrament der Schwester/des Bruders an meiner Seite. Denn – so heißt es in unserem Messbuch – „keinem gabst Du alles, keinem gabst Du nichts". Sichtbar werden und entwickeln soll sich der Reichtum in der Vielfalt der Sendung des einen Volkes Gottes. Und das in pfingstlicher Vielstimmigkeit. So erweist sich Pfingsten als Datum für die Aussendung der Beerdigungsleiterinnen als „göttlich vorgegebener" Termin. Pfingsten, das alte Erntefest, wird aktuell in den Talenten als Früchten des Gottesgeistes, die wir entdecken und für den Dienst zurüsten.

Die Feier der Aussendung

Der Schlussakkord des langen Ausbildungsweges in zwei Phasen von Aschermittwoch bis Ostern und von Ostern bis Pfingsten sollte wirklich ein Fest sein in Form einer zentralen Aussendungsfeier aller Kursteilnehmer. Der jeweilige Dechant beauftragt und sendet aus im Namen des Bischofs. Die anderen in der Pastoral Tätigen stehen bei der Feier für das Team zusammen mit Leuten aus dem Volk Gottes aus allen Gemeinden des Bereiches. Nicht zuletzt nehmen die eigenen Familien und Freunde an diesem Festgottesdienst teil. Die Beauftragung und Aussendung in diesem großen Rahmen soll die Bedeutung des Dienstes dieser neuen „Kolleginnen und Kollegen" auf den Friedhöfen ausdrücklich unterstreichen. Die neuen Beerdigungsleiterinnen und -leiter tragen bei dieser Feier weiße Gewänder. Weiß – das ist die Farbe des Taufgewandes. Nun können Gaben an Pfingsten geerntet werden, die in der Taufe als geschenkt schon gefeiert wurden. Es kommt ans Licht, welche königlichen, priesterlichen und prophetischen Talente bei der Salbung im Ritus der Taufe schon grundsätzlich benannt worden sind. Das weiße Gewand ist auch Hinweis auf die beiden Gestalten in weißen Gewändern am Grab Jesu. Diese himmlischen Lebensboten sind die Ersten am Grab, die Zeugen des österlichen Handelns Gottes sind. Sie nehmen am leeren Grab die Frauen als erste Osterzeuginnen in Dienst.

Der Aussendungsritus, der vor gut zehn Jahren entwickelt wurde, sieht unterschiedliche Elemente vor. Auf die Verlesung der Ernennungsurkunde des Bischofs folgen die Fragen nach der Bereitschaft an die Auszusendenden und deren öffentliche Bereitschaftserklärung. Nach einem Gebet, in dem für die Gaben Gottes gedankt wird, besonders für das Werk der Barmherzigkeit, Tote zu begraben und Trauernde zu trösten, folgt ein Heiliggeistlied: „Komm, Heiliger Geist, mit deiner Kraft, die uns verbindet und Leben schafft." In Stille erheben alle Anwesenden die Hände zum Segnen der Auszusendenden. Ein Gebet dankt für das Osterlicht; als Zeichen dafür wird den neuen Beerdigungsleitern symbolisch eine Osterkerze anvertraut. „Nimm hin das Licht Christi ..." Das Osterlicht wird, wenn es dann bei der konkreten Trauerfeier/Beerdigung in den Raum hineingetragen wird, zur ersten wortlosen Osterpredigt. Die Osterkerze geht vorweg als Zeichen, dass Gott uns „heimleuchtet" auf dem Weg durch den Tod hindurch. Ebenso wird das Gefäß mit Weihwasser allen Auszusendenden symbolisch überreicht. Zu diesem Ritus regte uns der Hinweis aus Südafrika an, dass es wichtig ist, durch diese Übergabe öffentlich zu zeigen, dass die Beerdigungsleiter dazu beauftragt sind: „Nimm hin das Wasser des Lebens ..." (zum Text des gesamten Ritus s. u. S. 59 f).

Dass möglichst viele bei der Feier der Aussendung beteiligt sind, mit Musik, mit einem festlichen Rahmen der Begegnung im Anschluss an den Gottesdienst usw., unterstützt die Bedeutung dieser Beauftragung und Sendung. Sehr wichtig ist nach der zentralen Aussendung eine würdige Begrüßung und Vorstellung auch in den einzelnen Kirchen, den Pfarreien und Kirchorten. Durch dieses ausdrückliche „Willkommen" wird den neuen Osterzeugen der Weg geebnet. Die Menschen vor Ort können so leichter eine Akzeptanz für diesen neuen Dienst entwickeln.

Trotz manch anfänglichen Nachfragen und Irritationen bei einigen Gemeindegliedern war es bislang auf längere Sicht normalerweise kein Problem, dass Gemeindeglieder Beerdigungen leiten, auch nicht, wenn es Frauen tun. Im Gegenteil: Es war eine positive Überraschung zu erfahren, mit wie viel Wohlwollen der konkrete Dienst der Beerdigungsleiter aufgenommen wurde. Den Gemeindegliedern, die unbedingt von einem Priester oder Diakon beerdigt werden wollen, kann dies getrost zugesagt werden. Denn nach unserer Erfahrung in den allermeisten Dekanaten sind das nur ca. zehn Prozent der in den Pfarrkarteien aufgeführten Personen.

In ähnlicher Richtung gehen die Erfahrungen bei der Frage nach einer Eucharistiefeier im Zusammenhang mit Begräbnissen. Auch wenn theologisch eine Messfeier höchst sinnvoll ist – sie wird von Angehörigen immer weniger nachgefragt. Die allermeisten Angehörigen (nicht nur im Norden) sind auch keine regelmäßigen Sonntagsgottesdienstbesucher. Dafür wird aber von Angehörigen oft die Einladung begrüßt, im Gemeindegottesdienst des folgenden Sonntags oder auch in einer normalen Werktagsmesse den Namen der Verstorbenen zu nennen und so in der Messintention die Gemeinschaft der Lebenden und Verstorbenen zu feiern. Das Gebet für Verstorbene im „normalen" Gottesdienst nimmt so manchen Angehörigen, die sich nicht so recht in einer Eucharistiefeier auskennen und sich fremd und ungeübt empfinden, die Unsicherheit.

Die Weitsicht in den Richtlinien zum Begräbnisdienst von 1989 im Bistum Hildesheim, dass Hauptberufliche den Beerdigungsdienst in einer Gemeinde nur übernehmen sollen, wenn gleichzeitig Gemeindeglieder beauftragt werden, wird durch die beschriebenen Erfahrungen bestätigt. Dass mit dieser Sichtweise für Gesprächsstoff gesorgt ist, sowohl für ein neues Zueinander von Diensten und Gemeindegliedern als auch von Diensten untereinander, liegt auf der Hand, kann aber sehr anregend und fruchtbar sein. Der neue Begriff „Trainer und Trainerin" möge so manche Diskussion entfachen bei der Frage, wer wir als Kirche und Getaufte von Gott her sind und was unsere Sendung ist.

In den nachfolgenden Texten (S. 63–73) erzählen Beerdigungsleiterinnen von ihren Erfahrungen vor Ort; diese mögen dazu ermutigen, sich selbst auf den Weg zu machen.

„Die Ausbildung in zwei bestimmten Modulen machte Sinn. Sich zuerst mit passenden Bibelstellen, hinführenden Texten zur Thematik und meiner eigenen Auseinandersetzung zu Krankheit, Leid, Sterben, Tod und Trauer zu befassen war sehr fruchtbar.
Das zweite Werkstattmodul war breit gefächert und gab mir in den ausgearbeiteten und z. T. vorgestellten Entwürfen von Kondolenzbesuchen, Trauerfeiern und Gebrauch von Texten und Liedern etc. ausreichend Gestaltungsmöglichkeiten. Die Methodik wie Didaktik durch unterschiedliche Kursleiter war sehr bereichernd und wegweisend."

Ostertexte begleiten den Weg des Kurses

Einige Hinweise auf Bewährtes

Beim ersten Treffen in der Woche von Aschermittwoch erhalten die Teilnehmenden die Ostertexte des Lukasevangeliums. Dazu die Betrachtungen von Heribert Arens aus seinem Buch „Gott, Du bist so menschlich". Die Einführung in die Ostertexte von Arens und die Meditationen sind ein wunderbarer Weg, sich in die Ostertexte des Neuen Testaments zu vertiefen. Wie ein Begleiter auf einem „Exerzitienweg zum Osterfest" sollen diese Texte alltäglich mitgehen, um beim Durchkauen den Geschmack neuen Lebens freizugeben.

Bibeltexte sind die Nahrung für Osterzeugen – sie sind Quelle, damit Osterhoffnung fließen kann. Im Folgenden ist eine Auswahl der im Kurs bedachten Texte zusammengestellt:

Die Frauen am Grab
(Lukas 24)
Wie ein Programmtext zum Ostergeschehen:
Schon mal mit Fragen losgehen …
Ratlos dastehen …
Sehen, dass der Stein schon ins Rollen kam …
Osterzeugen erfahren …
Sich senden lassen …
Zusammen losgeschickt sein …
(Das Arbeitsblatt „Eine fast normale Beerdigung" – s. S. 57 f – entfaltet die Aussagekraft des Textes etwas ausführlicher.)

Thomas
(Johannes 20)
Seinen Fragen treu bleiben …
„Allein", d. h. erwachsen glauben wollen …

Auf Privataudienz hoffen …
Selbst mit dem Lebenden in Berührung kommen wollen …
Dann spreche ich *mein* Glaubensbekenntnis …
In Thomas und Maria von Magdala ersteht ein „Mein", eine lebendige Beziehung zum Auferweckten.

Die Leidensankündigungen
(Markus 9,10 und 11)
Jesus erweist sich als der Menschen-Sohn …
Sein Leben war das eines Menschen (Phil 2) …
Ganz Mensch – Leiden ist menschlich …
Dazu erlöst werden zum Einverständnis, dass Leben im Wesentlichen ein Weg ist durch kleine Tode zu kleinen Osterfesten im Alltag …
Wann kommt endlich der Tod – und erlöst mich vom ewigen Sterben? (Andreas Knapp, Totentanz)

Apostelgeschichte
Die Osterpredigten der Apostel …
Gott aber hat ihn auferweckt …
Die ersten Zeugnisse – auch Paulus – sprechen von Auferweckung …
Gottes Tat steht im Zentrum, Gottes Treue …
Ostern als Bestätigung der Worte und Taten Jesu …
Ich persönlich komme ins Spiel als einer, der auch auferweckt werden muss – keiner kann im Tod selbst auferstehen …
Ein Tipp: Es lohnt sich, einmal die ganze Apostelgeschichte zu lesen – zumindest den ersten Teil – das ist Osterdynamik pur …
Göttliches „Dennoch" und „Doch" und „Aber" … machtvoller Einspruch gegen den Tod – auch Paulus steht engagiert dafür

Offenbarung des Johannes
Gott, der die Tränen abwischt (Kapitel 21)
Der neue Himmel und die neue Erde (ebd.)
Die Rede vom zärtlichen Gott …

Und die gute Aussicht trotz allem, in allem …
Hoffnung auf Leben trotz des Todes, trotz aller Tode …

Im Osterzeugenkurs war noch *Lukas 15* zentral – mit dem barmherzigen Vater/der barmherzigen Mutter: *Lukas 15: Herzstück des Evangeliums*

Anregend war ebenfalls die Rede Jesu vom
Haus im Himmel mit den vielen Wohnungen
(Johannes 14,6)
(Sehr anregend ist hier die Übersetzung von Fridolin Stier, die wir öfter als „Zweit-Übersetzung" im Kurs zureichten).

Auch die „Große Gerichtsrede" in *Matthäus 25* spielte eine wesentliche Rolle bei der Frage, wo denn Jesus zu finden sei, und im Zusammenhang mit den Werken der Barmherzigkeit.

Zum besseren Verstehen erwiesen sich die Auslegungen von Anselm Grün zu dem Evangelium als sehr hilfreich. Sie sind verständlich und mit Tiefgang, sowohl informativ als auch zur meditativen Aneignung gut geeignet; für uns war besonders anregend „Jesus – Tür zum Leben. Das Johannesevangelium".

Und wenn Jesus der Christus dann bei uns ist – bis ans Ende der Welt (Matthäus 28) – nicht nur bis zum Ende meines Lebens als Erdenbewohner …

ostern

im anfang
war der tod
und der tod war alles
und alles war tot

doch dann das wort
liebeserklärung an das leben
und die tote materie
ist fleisch geworden

der tod aber
sitzt tief
und untergräbt
das leben

wenn ER aber
das wort ist
dann hält er wort
behält das letzte wort

(Andreas Knapp)

Eine fast normale Beerdigung

Das Lukasevangelium (24,1–6a) lädt ein, sich mit der Beerdigungsansprache am Ostermorgen einzufinden und sich dort mit den eigenen Erfahrungen wiederzufinden. Die Erfahrung am Ostermorgen wird zur Lesehilfe für die eigene Situation beim Abschied von einem Verstorbenen.

Die Frauen am Ostermorgen	Heute könnte bei einer Beerdigung gesagt werden:
Sie gehen zum Grab.	Sie, liebe Angehörige, bereiten eine Trauerfeier/Abschiedsfeier vor: Platz auf dem Friedhof/Sarg/Blumen/Grabstein
Wohlriechende Salben haben sie zubereitet (nach Karfreitag)	Sie suchen Texte aus für die Anzeige, Lieder …
In aller Frühe	Ich finde keinen Schlaf, Fragen … Ich bin zwischen leer und unruhig …
Sie stehen ratlos da	Ja, ratlos bin ich … Alles durchkreuzt – aus und vorbei Auch ich als Beerdigungsleiterin habe *von mir aus* nichts zu sagen
Gott ergreift die Initiative	Ich stehe hier, um etwas *weiterzusagen, zu bezeugen: Gott ist treu, er hält Wort, er führt unsere Sehnsucht zum Ziel.*

Osterhoffnung wird geschenkt	„Für mich ist die Osterzusage ein Schatz, eine Hilfe, mit dem Tod zu leben … und auf meinen eigenen Tod zuzuleben. Was mich trägt, will ich weitersagen: Gott hat Jesus im Tod nicht hängen lassen … Er lässt uns nicht hängen."
Boten – es wird licht und hell	Das weiße Gewand soll wachrufen: Licht im Dunkel – Osterlicht im Todesdunkel.
Erschrecken	Sucht nicht den Lebenden bei den Toten – Sucht eure Toten bei Jesus, dem Lebenden

Der Praxisteil war wichtig. Die Praxisübungen in der Kapelle (Schriftlesung und Ansprache) waren von viel Lampenfieber geprägt. Es war erstaunlich, dass jeder ganz verschieden und individuell sich dem schwierigen Thema Tod und Beerdigung, Verabschiedung, Trost und Auferstehungsglauben näherte. Und es kamen ganz hervorragende Ansprachen dabei heraus. Die positive Kritik aus unseren Reihen und von den Ausbildern war dabei ganz wichtig."

Aussendung der Beerdigungsleiter durch Dechant und Trainer

Verlesen der Urkunde(n) mit Namen der Einzelnen
Bist du bereit, den Dienst eines/einer Beerdigungsleiters/-leiterin zu übernehmen?
Ja, ich bin bereit.

Gebet:
Großer Gott, du Freund der Menschen.
Du hast dich erfahren lassen als ein Gott der Menschen – Barmherzigkeit ist dein Wesen.
In deinem Sohn, Jesus, dem Christus, ist diese Barmherzigkeit menschlich spürbar geworden.
Jesus ist der Heiland der Armen und Kranken, der Arzt für Leib und Seele.
So bitten wir dich:
Lass diese deine barmherzige Zuwendung zu uns aufleuchten im Dienst der Frauen und Männer, die nun Begräbnisfeiern leiten werden.
Durchströme sie mit deinem Geist, dass sie lebendige Zeuginnen und Zeugen der Osterbotschaft sind.
Lass sie deine Zuneigung zu uns weiterleben in ihrem Hören und Sprechen, in dem, was sie tun.
Und segne sie auf allen Wegen. So bitten wir …

Gemeinde singt: Komm, heil'ger Geist mit Deiner Kraft, die uns verbindet und Leben schafft.

Handauflegung (einzeln und still) – die *Gemeinde erhebt währenddessen die Hände*

Bekräftigende Riten
Nimm hin die Osterkerze, das Zeichen für Christus, das Licht des Lebens.
(Wird jedem Einzelnen gesagt. Dabei wird die Osterkerze übergeben. Danach an alle gewendet:)

Nimm hin die Osterkerze, die ihr auf die Friedhöfe tragt.

Möge sich an ihr das Licht der Hoffnung in den Herzen entzünden.

Möge das Licht des Lebens aufleuchten – unser Herr und Bruder Jesus Christus, der als Licht in unser Leben kam.

Dessen Lebenslicht Gott, der Vater, durch den Tod rettete und der uns einst heimleuchten wird in sein ewig gültiges Licht. Amen.

Nimm hin das gesegnete Wasser, das Zeichen für Gottes Lebenskraft.

(Wird jedem Einzelnen gesagt. Dabei wird das Weihwasser übergeben. Danach an alle gewendet:)

Nimm hin das gesegnete Wasser.

Es erinnert an den Gott des Lebens, der wie lebendiges Wasser in uns strömt.

Die Besprengung mit diesem Wasser wecke die Hoffnung auf den Gott, der Leben schaffend selbst im Tod mächtig bleibt.

Die Besprengung mit diesem Wasser erinnere an unsere Taufe, in der wir gefeiert haben, dass Gott uns mit Namen kennt.

Und dass er uns im Sterben erneut beim Namen ruft – denn wir sind und bleiben in seiner Hand, heute und in Ewigkeit. Amen.

osterfrühstück

so will ich auferweckt werden

das frühstück
ans grab gebracht
einen kaffee
der tote weckt
und brötchen die noch
nach abendmahl duften
angerichtet auf einem
weißen leinentuch
dann ein kuss
auf meine wunden
und ins ohr geflüstert
ein neuer name
liebkoseworte
unaufhörlich

(Andreas Knapp)

Erlebnisberichte

Barbara Schwinum
Die Kraft der Symbole

„Wie ist das denn? Bei euch Katholiken dürfen Frauen doch nichts, wieso können Sie dann beerdigen?" So oder ähnlich werde ich häufig nach einer von mir geleiteten Trauerfeier mit anschließender Beerdigung gefragt. Geduldig erläutere ich dann immer wieder, warum dies dann doch erlaubt ist, manchmal auch, wie es dazu kam.

Vor etwa zehn Jahren bot unser damaliger Dechant als Pilotprojekt im Bistum Hildesheim in meiner Heimat Goslar einen Kurs an, in dem dann innerhalb von zweieinhalb Jahren acht Beerdigungsleiter/-innen für ihren ehrenamtlichen Dienst ausbildet wurden. Viele kamen am Anfang, acht sind schließlich geblieben. Mich hat das Angebot zu diesem Kurs vor allem angesprochen, weil ich einige Jahre zuvor zwei Mal eine Krebskrankheit überwunden hatte und ich mich deshalb mit Sterben und Tod intensiver auseinandersetzen musste. Aber es gab auch noch einen zweiten Grund. Schon immer habe ich gerne ehrenamtlich in der Kirche pastoral gearbeitet und jetzt in der „katholischen Männerkirche" als Frau für einen solchen Dienst ausgebildet zu werden, das bedeutete für mich eine willkommene Herausforderung.

Einmal im Monat, ausgenommen in Ferienzeiten, trafen wir uns damals abends und machten uns auf den Weg, um uns auf diesen Dienst der Barmherzigkeit vorzubereiten. Nachdem wir uns zu Beginn mit unterschiedlichen Bestattungskulturen auseinandergesetzt, zuletzt unsere christliche besonders in den Blick genommen hatten, suchten wir vor allem in der Heiligen Schrift nach Ursprüngen unseres christlichen Glaubens für die Ausübung dieses Dienstes. Geleitet und begleitet von unserem

Dechanten wurde uns sehr schnell klar, dass wir beim Beerdigen Osterzeugen bzw. Osterzeuginnen sind und sein wollen. Biblische Texte, Bilder, Gedichte, Gebete, Lieder, die fortan unsere Abende mitbestimmten, spiegelten immer neu dieses unser Selbstverständnis wider. Schließlich lernten wir auch den liturgischen Ablauf einer Trauerfeier mit Beerdigung kennen und gingen bei Beerdigungen, die Pfarrer oder Diakone leiteten, und auch zu Trauergesprächen mit. Von Beginn unseres Dienstes an verständigten wir uns gemeinsam, dass wir immer die brennende Osterkerze als Zeichen unserer Osterzeugenschaft zur Feier mitnehmen wollten.

Im letzten Teil unseres Kurses lernten wir Predigten zu verfassen. Beispielhafte Trauerfälle wurden uns an die Hand gegeben, zu denen wir eine Predigt schrieben. Im Kurs wurde dann darüber gesprochen. Auch lernten wir Trauergespräche zu führen. Wir übten das in Rollenspielen, in denen unser Ausbilder – oder Trainer, wie er in Südafrika heißt und wie wir es übernahmen – die unterschiedlichsten Rollen von Hinterbliebenen einnahm. Diese Abende waren immer besonders anregend, denn hier konnten wir üben, einfühlsam, tröstend, aber auch glaubensfest auf die Trauernden eingehen zu können. Wir lernten auch, wie wir reagieren könnten, wenn etwa jemand den Lieblingshund des/der Verstorbenen zur Trauerfeier mitnehmen wollte oder wenn der Schlager „Marmor, Stein und Eisen bricht, aber unsere Liebe nicht" von Drafi Deutscher für die Feier gewünscht wurde.

Als ich später dann allein beerdigte, wünschte sich einmal eine noch recht junge Tochter für die Beisetzung ihrer verstorbenen neunzigjährigen Mutter, dass weiße Luftballons in den Himmel aufsteigen sollten. Da es ihr, wie ich merkte, ein großes Anliegen war, habe ich dem stattgegeben und mir folgende Worte dazu überlegt: „Immer schon haben wir Christen als Ort der Wohnung Gottes den Himmel über uns angesehen. Der Leib der Verstorbenen NN ist ins Grab gelegt worden. Mit einem Zeichen wollen wir nun ihre Seele in den Himmel, in die Geborgenheit Gottes senden." Sichtlich bewegt hat die Trauergemeinde dieses Zeichen aufgenommen.

Unsere Ausbildung wurde abgeschlossen mit einem Segnungsgottesdienst, den wir zuvor selbst mitgestalteten. Wir trugen wie die Männer am Grab Jesu extra für uns genähte weiße Gewänder, der Dechant verlas die Ernennungsurkunde des Bischofs und legte jedem Einzelnen die Hände auf zum Zeichen, dass der Heilige Geist unseren Dienst nun besonders leiten möge. Dabei erhoben alle Gottesdienstteilnehmer die Hände zum Segen für die Auszusendenden.

Schließlich waren wir gerüstet für unseren Dienst. Die Bestattungsinstitute waren durch die Pfarrer unterrichtet, die Kirchengemeinden durch Predigten der Priester in den Sonntagsgottesdiensten informiert, und nun reisten wir mit dem Dechanten an unterschiedlichen Sonntagen durch die Kirchen der Katholischen Kirche Nordharz. Wir stellten uns kurz vor und erzählten den Gottesdienstbesuchern von unseren Beweggründen für die Ausübung dieses Dienstes. Zunächst gingen wir neuen Beerdigungsleiter/-innen zu den Trauergesprächen und Trauerfeiern immer zu zweit. Da jedoch von den acht ursprünglich Ausgebildeten einige aus Altersgründen aufhören mussten, war dies später nicht mehr so durchzuhalten.

Nach acht Jahren Beerdigungsleiterdienst muss ich sagen, dass dies noch immer eine meiner liebsten ehrenamtlichen pastoralen Dienste ist. Da ich selbst manchmal sehr temperamentvoll und emotional reagieren kann, hätte ich nicht gedacht, dass ich über so viele Jahre als Vermittlerin meines Osterglaubens von Trost und Hoffnung auf ein Leben in der Geborgenheit bei Gott wirken könnte. Gerne möchte ich es noch viele Jahre tun.

Manchmal waren die Hinterbliebenen froh, wenn zum Trauergespräch kein Priester oder Diakon, sondern wir Laien kamen. Sie freuten sich, dass „das Gespräch in lockerer Atmosphäre" vonstatten ging (sie meinten sicher zu Unrecht, dass sie beim Priester „heiligmäßig daherkommen" müssten). In zwei Fällen hatte eine Hinterbliebene wohl negative Erfahrungen mit Hauptamtlichen gemacht und war sehr froh, dass sie mit einer Beerdigungsleiterin die Trauerfeier und Beisetzung feiern konnte.

Was mir im Laufe meiner ehrenamtlichen Tätigkeit immer wieder auffiel und auffällt, ist die Kraft von Symbolen. Das weiße Gewand, das Weihwassergefäß und die leuchtende Osterkerze sind ein absolutes Muss geworden. Bei einer ganz schlichten Beerdigung, die mit Urne und Kranz als kleine Feier nur am Wagen des Bestatters stattfinden sollte, hatte ich die Osterkerze, weil es draußen fürchterlich stürmte, zuhause gelassen. Die erste Frage des „evangelischen" Bestatters war: „Wo haben Sie denn Ihre Osterkerze?" Seit damals nehme ich sie immer mit, auch wenn ihr anfängliches Licht durch Sturm und Regen vielleicht im Laufe der Feier verlöscht. Im Rahmen der Ausbildung wurde ich angeregt, zur Segnung mit dem Weihwasser nicht das Aspergil, sondern einen Buchsbaumzweig von meiner Hecke im Garten mitzunehmen. Nach allen Segnungen mit diesem Zweig während des Ritus am Grab werfe ich diesen grünen Zweig am Schluss der Beisetzung immer ins Grab. Ebenso schaufele ich niemals mit der kleinen Schippe den Sand auf den Sarg. Ich streue stets mit der Hand den Sand ins Grab mit den Worten: „Der Verstorbene kommt von Gottes Erde und seine sterbliche Hülle wird wieder zu Gottes Erde, während alles Grüne und alle Blumen Symbol dafür sind, dass Gott im Tod neues Leben in seiner Geborgenheit aufblühen lässt."

Wie gut diese Form der Symbolhandlung ist, konnte ich unlängst bei einem Trauergespräch erfahren. Der Ehemann der verstorbenen Frau, ohne christliches Bekenntnis und auch kritisch eingestellt, wollte keinesfalls, dass jemand „Sand mit einer Schippe auf den Kopf seiner geliebten verstorbenen Frau streut". Meine Erläuterung „des Handsandritus" hat ihn aber versöhnt und konnte dann so stattfinden.

Von Beginn meiner Tätigkeit als Beerdigungsleiterin an habe ich gemerkt, wie wichtig es ist, so weit als möglich auf die Trauer, Nöte und Wünsche der Hinterbliebenen einzugehen, dabei aber immer auch selbst authentisch zu bleiben. Als ehrenamtliche Beerdigungsleiterin, die vielleicht einmal im Monat eine Trauerfeier mit Beisetzung leitet, ist es gut möglich, diesen Dienst zu tun und jede Feier immer mit viel neuer Liebe und Freude vorzubereiten. Auch die vielen Facetten der Feier sind für mich eine

Bereicherung. Ob Erdbestattung, Trauerfeier am Sarg, wo der/ die Verstorbene eingeäschert wird, ob Urnenbestattung, ob Feier an der Urne in einer Trauerkapelle, ob Feier im Eingang einer Trauerkapelle, in der Trauerhalle eines Bestatters oder auch nur am Wagen oder in der Trauerkapelle allein nur mit dem Bestatter – immer wieder versuche ich etwas von der Osterbotschaft aufleuchten zu lassen, die unseren christlichen Glauben ausmacht. Und meistens singe ich vor jeder Beisetzung, ob in der Kapelle oder am Grab, den Hymnus: „Zum Paradies mögen Engel dich geleiten, die heiligen Märtyrer dich begrüßen und dich führen in die heilige Stadt Jerusalem. Die Chöre der Engel mögen dich empfangen und durch Christus, der für dich gestorben, soll ewiges Leben dich erfreuen." Neuerdings lege ich beim Singen, wo immer es möglich ist, meine rechte Hand auf den Sarg und hoffe so ganz persönlich, dass der/die Verstorbene nun in der herrlichen Wohnung bei Gott angekommen ist.

Über die reichen Erfahrungen während meines ehrenamtlichen Dienstes als Beerdigungsleiterin könnte ich noch viele Seiten schreiben. Menschen sind Individuen und jedes Mal ist es wieder anders und neu. Diese Begegnung mit den verschiedenen Menschen, der zu spendende Trost, die Vermittlung unserer christlichen Auferstehungsbotschaft, die Gestaltung eines würdigen Übergangs in das neue Jerusalem, in der Gott „alle Tränen abwischt und in der kein Tod, keine Trauer, keine Klage, keine Mühsal mehr sein wird", sind für mich immer wieder eine Herausforderung, eine Herausforderung, die mir aber auch Kraft und Mut gibt, mit gläubiger Hoffnung an mein eigenes Lebensende zu denken.

Betina Schenk
Wie alles begann …

Im Jahr 2011 fiel mir rein zufällig ein Flyer mit Informationen zu einem Ausbildungskurs für BeerdigungsleiterInnen im Regionaldekanat Hannover in die Hände. Es folgte ein tagelanges „Immer-wieder-in-die-Hand-Nehmen" und „Wieder-Weglegen" des Flyers. Aber es ließ mich einfach nicht mehr los! Wäre dieser Kurs nicht etwas für mich? Wäre dies nicht eine für mich stimmige Ergänzung zu meinem Beruf als Religionspädagogin, den ich zurzeit leider „nur" in der Schule ausübe? Schließlich und endlich legte ich den Flyer nicht mehr aus der Hand und bat unseren damaligen Pfarrer, mich zu diesem Ausbildungskurs anzumelden. Es folgte eine intensive Zeit. Parallel befand ich mich auch noch in einer knapp dreijährigen gestaltpädagogischen Ausbildung. 2012 wurde ich vom Bischof als Beerdigungsleiterin für unsere Pfarrei beauftragt. Ich machte schon bald erste, sehr positive Erfahrungen. Ja und dann folgte das ereignisreiche Jahr 2013. Ein Jahr, geprägt von persönlichem Verlust und einer so plötzlichen, rasanten Situationsveränderung in unserer Pfarrei, die uns förmlich wie ein „Tsunami" überrollte. Wenn ich hier von „uns" spreche, meine ich vor allem erst einmal meinen Mann (der als Gemeindereferent in unserer Pfarrei tätig ist) und mich. Im Februar 2013 eröffnete uns unser Pfarrer, dass er zur alt-katholischen Kirche wechseln wollte, um die Frau, die er kennen- und liebengelernt hatte, heiraten zu können. Bereits drei Tage später, am Aschermittwoch 2013, wurde er vom Dienst suspendiert und es folgte eine eineinhalbjährige Vakanz.

An diesem Aschermittwoch standen wir nun also plötzlich vor einem riesigen „Berg" an Aufgaben: Die Aktionen in der Fastenzeit, Ostern, Erstkommunion, Firmung, die anstehende Visitation, die Vorbereitung der Fusion mit einer Nachbarpfarrei und natürlich das Tagesgeschäft. Von allem emotionalen Aufschrei und Aufruhr in der Gemeinde gar nicht zu sprechen.

Und da waren natürlich die Beerdigungen! Bei allem, was nun an Bewältigung auf uns zukam, wurden wir engagiert,

kompetent und einfühlsam von unserem Pfarrverwalter begleitet. Er war es auch, der mich fragte, ob ich bereit wäre als Beerdigungsleiterin sozusagen die Koordinationsstelle für die an-
fallenden Beerdigungen zu sein. Als Priester wurde mir Pfarrer
Kuno Kohn an die Seite gestellt. So war ich also plötzlich erste
Ansprechpartnerin für die Angehörigen und die Bestatter. Ich
war nun nicht mehr die „Ausnahme" sondern die „Regel",
wenn es um die Leitung einer Beerdigung in unserer Pfarrei
ging.

Dass die Familie eines Verstorbenen ausdrücklich einen Priester verlangte (weil sie eventuell ein Auferstehungsamt wünsch-
ten), kam fast nie vor. Ich musste eher aus terminlichen Grün-
den Beerdigungen delegieren.

Als ein Nachbarpfarrer eine Beerdigung in unserer Gemeinde
übernahm, stellte er sich mit den Worten vor: „Ich bin
Pfr. N. N. und vertrete heute Frau Schenk."

Wer hätte noch vor einigen Jahren gedacht, dass so etwas
möglich ist!

Die Zeit der Vakanz vom Aschermittwoch 2013 bis zum Ok-
tober 2014 war eine sehr aufwühlende und intensive Zeit. Und
dies nicht nur wegen der Ereignisse und der damit zusammen-
hängenden Aufgaben in unserer Pfarrei, sondern auch für mich
ganz persönlich. Im Mai 2013 verstarb meine Mutter. Ich übernahm aber auch in dieser Zeit viele Beerdigungen und fühlte
mich durch all die Menschen, die ich begleiten durfte, in meinem Glauben, in meinem Leben gestärkt und getragen. So viele
wertvolle und einfach schöne Begegnungen: Ob es die alte
Dame war, die nach einer Beerdigung sagte, sie wolle nun mal
dem Papst schreiben, um ihm zu sagen, Frauen sollten in unserer Kirche doch nun endlich mal „alles" tun und sein dürfen.
Oder viele „Nicht-Katholiken", die zu mir kamen und sagten,
das hätten sie unserer Kirche ja nun nicht zugetraut, dass sie
Frauen in diesen wichtigen und verantwortungsvollen Dienst
schickt.

Ich habe bei den von mir geleiteten Beerdigungen wunderbare Erfahrungen machen dürfen. Angefangen von den vielen
Lebensgeschichten, die ich teilen durfte, bis hin zu einer gro-

ßen Akzeptanz und dem Respekt, der mir in meinem Tun entgegengebracht wurde und wird. Auch mit unserem „neuen" Pfarrer erlebe ich ein partnerschaftliches und vertrauensvolles Miteinander im Beerdigungsdienst. Ich könnte über meine Erfahrungen in meinem Dienst als Beerdigungsleiterin seitenlang Geschichten erzählen ... Ich bin dankbar für das große Vertrauen, das mir in meinem Dienst entgegengebracht wurde und wird. Ein Dank an alle Menschen, die mich in diesem Dienst begleiten, bestärken und stützen!

„Etwas ganz Besonderes war und bleibt meine eigene Auseinandersetzung zu Leid, Sterben und Tod sowie zu Ostern und Auferweckung ... Dieser wertvolle Kurs hat meine christliche Haltung zu ‚abschiedlich leben' und ‚Endlichkeit' intensiviert."

Gisbert Nolte
Interesse gehabt

Wie kann man heute authentisch von der Osterbotschaft sprechen? Und Zeugnis davon geben? Die Aussicht darauf, solchen Fragen in einem Kreis von Christinnen und Christen nachzugehen, fand ich spannend.

„Osterbotschaft" – alles klar: Kirche, Auferstehung; wir kennen uns da aus. Das Herausfordernde war das Wort „authentisch" – was genau umfasst die Osterbotschaft? Den Glauben an Engel? Ein leeres Grab? Weiße Gewänder und ein Hauch von Weihrauch in der Nase? Vorgelesen in einer Kirche, mit sonorer Stimme und – wichtig – richtiger Aussprache theologischer Fachbegriffe. Ja, gehört auch das Paschalamm zur Osterbotschaft?

Als Vater habe ich es schwer, es so zu Hause an die Kids weiterzusagen. Als aufgeklärter Mitteleuropäer würde ich so in meiner Nachbarschaft nicht sprechen. In der Zeitung lese ich solche Worte nie. Außerhalb der priesterlichen Funktion und eines liturgisch geprägten Raumes ist solches Reden sinnentleert.

Gehört Scheitern auch zur Osterbotschaft? Groß auftrumpfen und dann kleinlaut beigeben? Merken, dass ich mal wieder zu kurz gesprungen bin? Nicht durchgehalten habe, kleinmütig war und wissen, wenn es brenzlig wird, würde ich mich als Erster verdrücken? Freundschaften drangeben, Träume aufgeben?

Das Drama des Lebens spielt doch mehr am Karfreitag als am Ostersonntag.

Wenn die Zustände dieser Welt irre aus dem Ruder laufen: eine Ehe kaputt geht, Kinder erkranken, Familien sich zerstreiten oder Korruption, Drogen, Machtmissbrauch oder Selbstgerechtigkeit einen ganzen Staat ins Wanken bringen, dann kann ich nach dem Fußballspiel mit anderen Männern darüber reden. Die Katastrophen verbinden, ein Osterglaube macht tendenziell einsam.

Angesichts negativer Erfahrungen die eigene (berufliche) Hoffnung nicht verlieren – vielleicht lässt sich so das Motiv verstehen, das meine Neugier weckte. Und den Luxus zu haben, vage Gehversuche nicht allein, sondern mit anderen Menschen gemeinsam machen zu dürfen.

So ging ich also zum ersten Treffen; außerdem waren es ja auch nur drei Stunden in der Woche. Gefallen hat mir das Scherzen in der Gruppe bei spürbar ernsthaftem Bemühen. Beim Lesen ausgewählter biblischer Geschichten und Besprechen auf dem TÜV-Prüfstand erwachsenen Betrachtens konnte man mit zunehmendem Vertrauen in der Gruppe mitbekommen, dass alle ihre Schrammen vom Leben abbekommen hatten. Erst nach und nach dämmerte mir, dass der Großteil der Gruppe ehrlich überlegte, Beerdigungen ehrenamtlich im kirchlichen Auftrag durchzuführen. Ich fand diese Menschen einfach sympathisch, ihre Wortwahl manchmal stotternd, aber grundehrlich vor dem, was sich nicht erklären lässt. Und lieber durfte ein Schweigen eintreten, als dass irgendein Müll geredet worden wäre. Ich spürte, aus diesem Holz möchte ich meine Freunde geschnitzt haben, sollte es mir mal wirklich schlecht gehen: schweigsam, treu, verbindlich, angstfrei und mehr ahnend als wissend, dass es mit uns einen großen Freund gibt.

Und mehr und mehr bekam ich ein Gefühl dafür, dass der irdische Jesus wohl ein echter Experte im Scheitern war – und seine Jünger auch. Es sei nur an die Auswahl und Zusammensetzung dieser Männergruppe gedacht und ihre Spannungen mit Freundschaft und Verrat, Introvertiertheit und entschlossenem Auftreten, bedingungsloser Gefolgschaft ihrem Guru gegenüber und ihrer Fluchtbereitschaft. Da hing er nun, der arme Weltverbesserer. Und würde dort noch hängen, wenn es nicht ein göttliches Erbarmen und Einsehen mit ihm gegeben hätte und sich in der Folge nicht auch die Männer und Frauen um ihn wieder mit Mut versorgt hätten. Und das ging nur über das gemeinsame Durchdenken, darüber anderen davon erzählen und deren fragende Widerborstigkeiten aushalten.

Hier entstand jene Authentizität, wenn das leere Grab mich in seine Tiefe hinabsaugen wollte und das Schaudern aufkam, wie ich, wirklich ich, in dieser Situation einem anderen Menschen, der einen fürchterlichen Verlust erlitten hatte, noch ein Wort des Trostes sagen könnte.

Aber damit war für mich das Kapitel abgeschlossen und die Treffen, die sich ausschließlich mit der Vorbereitung auf das Ausüben der Beerdigungsleitung befassten, brauchten mich nicht mehr.

Was bedeuten für mich Ostern und Auferstehung? Den Lärm des Gezeches am Gründonnerstag zu hören wie die Hammerschläge aufs Holz am Karfreitag und die schier endlose Stille danach und das Warten, ob Gott eingreifen wird.

Dann kam ein Jahr später überraschenderweise die Aufforderung des Dekanatspastoralrats, in meinem Heimatdekanat mit der Ausbildung von Beerdigungsleitern und -leiterinnen zu beginnen. Gerne kam ich der dringenden Bitte unserer Klinikseelsorgerinnen und -seelsorger entgegen, darin nicht vorschnell rituell einstudierte Antworten zu geben, sondern Menschen in einem Prozess des Bewusstwerdens eigene Lernerfahrungen zu ermöglichen, sich dieser Rolle und ihren Inhalten zu nähern. Da erscheinen die schweren Erfahrungen, über die wir immer wieder leicht reden können, in einem neuen Licht. Die Gemeinschaft der „Schwer-Sprecher" und der einsame, sprachlose Ostersprecher kommen in einen Dialog. Wie ein Mantra kamen mir dabei die Worte eines älteren Ordensmannes in den Sinn, der einmal zu mir gesagt hatte: „Es gibt kein Ostern ohne Karfreitag." Das wissen insbesondere unsere Klinikseelsorger, die in zahllosen Episoden gegen vorschnellen aufgesetzten Trost angesichts nicht aushaltbarer Schicksale haben begleiten müssen.

fragen an maria von magdala

wo hast du ihn
zum ersten mal gesehen

er saß im morgenlicht
am see und sang ein lied

was hat er dir gesagt
als er dich sah

sei nicht traurig maria und spring
über die sieben schatten deiner vergangenheit

wo hast du ihn
zum letzten mal gesehen

er hing in schwarzer nacht
am kreuz verstummt

was würde er dir sagen
sähe er dich jetzt

sei nicht traurig maria und tanz
mit den sieben farben des lichtes

(Andreas Knapp)

Maria Magdalena, die erste Osterzeugin. Die Ikone stammt aus dem Benediktinerkloster in Alexanderdorf.

Das Salbgefäß verweist auf den Liebensdienst, den Maria Magdalena und die anderen Frauen dem geliebten Freund erweisen wollen.

Das Ei – aus der byzantinischen Tradition stammend – ist ein altes Ostersymbol: Lebendiges will zur Welt kommen.

Eucharistiefeier einer Frau

an einem Abend
bevor Jesus ausgeliefert wurde
nahm Maria
das Gefäß mit Öl
zerbrach es
salbte seinen Leib
und sprach
das ist meine Liebe
vergossen für dich

und diese Geste
bleibt allen
die das Evangelium hören
für immer
im Gedächtnis

(Andreas Knapp)

Credo – kurz und Knapp

Die Texte von Andreas Knapp erwiesen sich als sehr hilfreich. Sie eröffnen neues Verstehen, regen an, dem Gemeinten in sich Raum zu geben. Nicht zuerst zum Erklären, eher zum Verkosten und Ein-sehen.

Die „Großen Worte des Glaubensbekenntnisses" erwiesen sich als wahr und bekamen neuen Klang. Zu Herzen gehen diese Worte – ohne den Kopf zu sehr zu schonen. Sie sind auf den folgenden Seiten auch zum eignen Bedenken und Betrachten abgedruckt.

gekreuzigt

auf aller kerbholz festgenagelt
von missblicken durchbohrt
entblößt bis unter die haut
dornig der letzte blick ins leere

mein mensch mein mensch
warum hast du mich verlassen
und die lichtspur ins lebendige
so gnadenlos durchkreuzt

der schmerz brüllt mir ins ohr
und ich bitte nur um eines
dass ich an meiner liebe
niemals irre werde

leiden

ich wusste nicht
dass liebe auch
so weh tun kann

der verlogene kuss
schneidet tiefer ins fleisch
als speer und nagel dringen können

dass die mir so nahe
bis zur ohnmacht mit mir leidet
ich hätt' es ihr so gern erspart

am schmerzlichsten jedoch
der schrei nach gottes nähe
und keine antwort mehr

begraben

mein Schatz vergraben
in unkäuflichem Acker

schwarz vor Augen
unter der Lawine aus Schmerz

nichts auf dieser Welt
wiegt schwerer als ein Grabstein

mit dem Verschließen der Gruft
tut sich entsetzliche Leere auf

und so unerrufbar
die verschüttete Liebe

am dritten tag

gott schuf das licht
und schied es von der finsternis
er sah dass es gut war
es wurde abend und morgen
erster tag

gott machte ein gewölbe
das nannte er himmel
und er sah dass es gut war
es wurde abend und morgen
zweiter tag

gott schied das meer vom land
und legte des lebens keim in den schoß der erde
und er sah dass es gut war
es wurde abend und morgen
dritter tag

gott stieg ans kreuz hinauf und starb
und sah nicht mehr wozu das gut war
und es kam finsternis über das land
es wurde nacht
erster tag

gott stieg in die hölle hinab
die von menschen gemacht war
er sah dem bösen ins auge
und es dämmerte am horizont
zweiter tag

und gott steigt aus dem grab der erde
und schafft das leben neu
er sieht dass alles gut ist jetzt und immer
es wird morgen und nie mehr abend
am dritten tag

auferstanden

aus und vorbei
Schluss und Ende
Sterben und Tod

der Erfinder des Lebens aber
hat das letzte Wort
sich noch vorbehalten

steh auf
gegen die Schwerkraft des Todes
steh auf

wie ein Weizenkeimling
in verbrannter Erde
alles vermag der Glaube an Sinn

wie das frühe Licht
durch dunkle Gitterstäbe
wächst Hoffnung überlebenslänglich

wie Funkenflug
in den verdorrten Dornbusch
flammt Liebe auf unverlöschlich

gemäß der schrift

leben so unleserlich
hieroglyphen schmerzgeschwärzt
fehldruck bis zur letzten seite
niemand will signieren

doch zwischen den zeilen
handschrift aus licht

sterben unentzifferbar
textweb des absurden
aller lesezeichen verlustig
qualvoll offener schluss

doch mitten im fragment
die leuchtschrift gottes

aufgefahren in den Himmel

nicht der Baum der Erkenntnis
nur das Kreuz
wächst in den Himmel

und alle Tränen
aus überlangen Menschennächten
tauen nach oben

keine Wunde der Welt
wird vergessen
oder schöngeredet

und das Glück der Liebe
versandet nicht einfach
in der Wüste des Todes

vielmehr findet
alles Gelebte nach Hause
wie in eine geheime Heimat

wo zwischen zerbrochenen Muschelschalen
die kostbare Perle
für immer leuchtet

denn allem Vergehenden öffnet sich
gewährender Raum
für die bleibende Wahrheit

zur Rechten sitzen

in der Abschiebehaft des Lebens
die Asylanträge abgelehnt
wo ist mein Platz

die Welt so widerborstig
inkompatibel mit meiner Sehnsucht
wo darf ich sein

kein Schuh passt mir
irrend zwischen allen Stühlen
wo gehöre ich hin

zuschlechterletzt noch kalt gestellt
aufs Abstellgleis des Todes
wo bleibe ich

doch du bist mir vorausgegangen
einen Platz mir aufzuheben
himmelnah bei dir

ich lehne mich zurück in deine Liebe
hier werd ich Mensch
denn nun bin ich dein

wiederkommen in herrlichkeit

alles schreckliche kommt wieder
die vergangenheit sie holt dich ein
schatten kleben fest an deinen fersen
und in den nächten träumen sich
verdrängte ängste in dein gesicht

deine kindheit aber kommt nicht wieder
die unschuld ist für immer verloren
und die erste liebe unerreichbar fern
deine toten holst du nicht zurück
die schönsten erinnerungen bleichen aus

wenn du aber wiederkommst
wird alles herrlich werden
denn dein lichtblick hellt das dunkel auf
und wunderbar wird wieder wach
der erste kuss auf unsern lippen

gericht

wie oft habe ich
nach dem urteil anderer gefragt
mich ihrer meinung unterworfen
um ihre anerkennung geil gebuhlt

wie oft war ich dann
durch unrechte zensuren tief gekränkt
von einem dienstzeugnis wie bloßgestellt
durch eine halbwahre beurteilung verletzt

kein bildnis will mir ganz entsprechen
kein urteil wird mir je gerecht
jeder spiegel zeigt ein zerrbild
alles sehen ist auch blind

am ende aber das gericht
über alle menschlichen gerichte
ein opfer von justizmord spricht das urteil
durch IHN wird alles recht

denn ER kennt mich von innen her
kein vergleich mehr mit den andern
aufgerichtet steh ich zu mir selber
hergerichtet für das große fest

Herrschaft ohne Ende

alles hat ein Ende
dem Kosmos ist das Verfallsdatum schon eingeprägt
die Halbwertszeit von Radium
beläuft sich auf 1580 Jahre
und die Sonne wird in 5,4 Milliarden Jahren
für immer erlöschen

alles Leben endet tödlich
Sterbenmüssen ist das universalste Gesetz
die Lebensdauer der Eintagsfliege
beträgt nur ein paar Stunden
und eine Bundesbürgerin erreicht
im Schnitt 81,2 Jahre

alle Uhren laufen ab
die Haltbarkeit ist streng begrenzt
in jedem Leben tickt bereits
die Zeitbombe des Todes
und das Sterben steckt uns schon
von Geburt an in den Knochen

alles nimmt ein Ende
die Liebe aber
will das einfach
nicht wahrhaben
und vielleicht behält sie
am Ende noch recht

die auferstehung der toten

ich glaube nicht
dass meine seele wandern muss
durch wechselnde gestalten
kein abarbeiten der altlasten
und kein abtragen fossiler schuldenberge
bis der kontostand
endlich bei null ist
und aufgelöst ich werde
ins nichtige nirwana
auf ewig anonym

vielmehr aber hoffe ich
dass mein leib einst aufstehn wird
und ich noch einmal wandern darf
trotz aller schuld und wunden
du hast die offnen rechnungen
schon längst für mich beglichen
der ganze kosmos ist begnadigt
und eingelöst wird meine sehnsucht
dass du mich mit namen rufst
und ich für immer bei dir bin

Spirituelle Vertiefungen

Den Tod umarmen

– das ist nichts Neues ... Gut, der große Tod im Sterben am Lebensende ist einmalig – in vielfacher Hinsicht. Aber der Tod im Gewand alltäglichen Sterbens, das ist ein vertrauter Geselle. So erweist es sich als hilfreich, von den Erfahrungen „kleiner Tode" zu sprechen. Von diesem Sterben mitten im Leben. Davon eine Aufstellung zu fertigen erfordert keine große Anstrengung. Das sind all die kleinen Tode, die sich als alltägliche Bekannte entpuppen:

wenn ich ein Hoffnung doch begraben muss,

wo immer schmerzhafte Abschiede anstehen,

in Zeiten, da Spannkraft und Aktionsradius spürbar kleiner werden,

wo immer es einem das Herz zerreißt, eine Krankheit Pläne zunichtemacht, bei zerbrochener Liebe, einem Scheitern ...

Vielleicht haben wir uns schon mehr mit dem Tod arrangiert, als uns bewusst ist. Wir sind mit „Bruder Tod" schon längst unterwegs. Die verwandtschaftliche Beziehung zum Sensenmann, zum Gevatter, zu der Franziskus von Assisi einlädt, ist doch ein schon längst vertrautes Bild.

Die aus Mystikermund kommende Rede von der Notwendigkeit, „zu Grunde zu gehen", um sich dann auf tragfähig verlässlichem Grund wiederzufinden, wie auch der Hinweis spirituell Erfahrener vom „unumgänglichen Sterben vor dem Sterben" – sie wollen zu einem beherzt realistischen Blick auf mein Leben ermutigen: Freundschaft mit Bruder Tod zu schließen und nicht zu versuchen, diesen hautnahen Gesellen im Gewand des Alltags totzuschweigen. So sagt ein Psalm: Herr, lehre uns bedenken, dass wir sterben müssen, auf dass wir ein weises Herz erlangen.

„Sterben und Auferstehen ist das Wesen der Welt" ... Es kann überraschen, diese Worte aus dem Mund des kämpferischen Liedermachers Konstantin Wecker zu vernehmen. Traurig und wie einverstanden besingt er damit den Tod einer großen Liebe. Ebendieses sperrig anmutende Paradox begehen wir feierlich in Gottesdiensten im Blick auf den Menschensohn Jesus, den erhöhten Christus: „Deinen Tod, o Herr, verkünden wir und Deine Auferstehung preisen wir, bis Du kommst ..." Sterben und Auferstehen sind ja das allem eingeprägte Wasserzeichen menschlichen Lebens. Im wirksamen Zeichen der Taufe feiern wir das. Wir verkünden öffentlich, schon längst durch den Tod „hindurchgestorben" zu sein.

Wenn in den ersten Missionspredigten (in der Apostelgeschichte) von *Auferweckung* die Rede ist, dann wird der Blick auf das treue Handeln Gottes im Tod Jesu gerichtet. Und mein Herz darf hoffen auf meine persönliche Auferweckung in meinem Tod – durch den Gott und Vater Jesu Christi, meinen Gott.

Den Tod umarmen – wer das einzuüben versucht, macht sich auf den Weg, zu einem hoffnungsgesättigten Realisten heranzuwachsen. Und um das als wahr bezeugen zu können, was uns in der Taufe unter die Haut gehen soll, dazu werden wir gesalbt zum priesterlichen, königlichen und prophetischen Dienst am Leben. Gemeinsam als so Be-Gabte als Volk Gottes unterwegs, mit je eigener und mir persönlich auf den Leib zugeschnittenen Gaben, die so nur durch mich zur Welt kommen können.

Davon will dieses Buch berichten – aufgrund reicher Erfahrung auf langen Weg-Etappen. Es will ermutigen, selbst als vielfältig Be-Gabte unterwegs zu sein, Entdecktes wachsen zu lassen und zu formen, es ins Spiel zu bringen, damit es in Verbundenheit reifen kann. So kann es, sich ergänzend, der Frohen Botschaft dienlich sein. Die Reiseberichte dieses Buches, die Wegbeschreibungen in Richtung Reich Gottes, Texte und Bilder, Nach-Gedachtes und Visionäres wollen eine offene Tür zu erfülltem Leben markieren.

Sie können Gemeinden Mut machen, die vor der Frage stehen, wie sie am besten Trauer und Beerdigungen begleiten können.

Sie können denen Mut machen, die sich vielleicht niemals haben träumen lassen, als Beerdigungsleiter oder, besser, als Osterzeugen andere am Schatz ihrer Glaubenserfahrung teilhaben zu lassen. Zuerst gilt es zu üben, sich selbst von dem Gott umarmt zu wissen, der uns mit der Wirklichkeit umarmt. Um dann Gottes grenzenlose Willkommenskultur ins Leben hinein zu leben. Ein „Herzliches Willkommen" allen und allem – auch dem Tod, von dem es in einem Lied in franziskanischem Geist heißt: „Als Letzten ruf ich Bruder Tod, sein Schritt ist sehr, sehr leise, ich rufe ihn, damit auch er, als Dein Geschöpf, Dich preise."

Das Ganze als Einladung zu einer Lebensreise auch mit kleinen Toden – hinlebend zum „Großen Bruder Tod". Und wenn wir in unserem Sterben am Lebensende „Gott in die Hände fallen", dann fallen wir in zärtliche und bergende Hände. Davon spricht die Ostererfahrung: von Gottes tragfähigen Händen, die, mächtig und liebevoll alles Leben bergend, ins ewige Licht heimtragen. Denn tiefer kann keiner fallen als in Gottes Hände.

Totentanz

mit dem leben
wurde mir auch
der tod schon geschenkt
in vielfacher Verkleidung
erwartet er mich

in jedem schmerz
spannt er mich bereits
auf seine folterbank

in unzähligen verlusten
berührt er mich
unerbittlich

in allen abschieden
winkt er mir schon
mit blutleerer hand

wie oft noch
muss ich sterben
bis mich der tod
endlich
vom sterben
erlöst

(Andreas Knapp)

Totenklage

Wir
die vergessenen Toten
der Jahrtausende
erheben Klage

Wir
die unter den Füßen der Evolution Zerstampften
die von den Rädern der Geschichte Überrollten
die vom Fortschritt Zertretenen

Wir
die unschuldig Gemordeten
die auf dem Schlachtfeld Verbluteten
die namenlos und unbekannt Begrabenen

Wir
die immer zu kurz Gekommenen
die um ihr Leben Betrogenen
die aus jedem Gedächtnis Getilgten

Wir
klagen ein
das uns Verlorene Vorenthaltene Verweigerte
Es muss doch eine Gerechtigkeit geben

Wir
die vergessenen Toten
der Jahrtausende
klagen bis zur höchsten Instanz

(Andreas Knapp)

Missionarische Rede am Grab
Mystagogisches Sprechen anlässlich von Leben,
Tod und Trauer

„Ich hatte persönlich das Glück, zweisprachig aufzuwachsen", so schreibt der Karmelit Reinhard Körner. Sein Büchlein „Kirchisch für normale Menschen" regt an zum Schmunzeln und macht nachdenklich. Körner beschreibt, dass er in seiner Kindheit und Jugend in der DDR immer übersetzen musste zwischen dem „Kirchischen" in der eigenen Gemeinde – evangelische Christen sprachen einen verwandten Dialekt, so schreibt er – und der normalen Sprache in Schule und Freizeit. Körner sieht sich als zweisprachig aufgewachsen. Ich selbst dagegen wurde nur „einsprachig" groß auf einem Binnenschiff. Die Worte Gott, Kirche, Beten usw. kamen einfach nicht vor bei uns – so fehlten sie auch nicht. Für meine Eltern ging ich mit meinem Engagement in einer Kirchengemeinde und erst recht, als ich dann auch noch Theologie studierte, in fremde Welten. So empfinde ich heute noch eine hohe Sensibilität für Sprache und Ausdrucksformen im Vollzug unseres Glaubens. Sicher braucht es eine Insider-Sprache für kurze Wege des Verständigens innerhalb des theologischen Nachdenkens. Diese prägt in vielen Teilen in gewissem Maß auch dieses Buch, da es sich vorrangig an kirchlich Interessierte wendet.

Doch bei uns im Norden Deutschlands ist jede Beerdigung schwerpunktmäßig eine Begegnung mit kirchlich ungeübten und immer häufiger der Kirche ganz fremden Menschen. Dann sind wir eingeladen, „Fremdenführer" zu sein. Beglückt zu erzählen von den Gebäuden unseres Glaubens, von lohnenden Wegen, von Orten, die uns Schutz und die uns Heimat sind. Dabei darf es nicht zuerst ums Überzeugen gehen, um Bedrängen oder gar Angstmachen, sondern es muss um das respektvolle Anbieten unseres Glaubens gehen. Das soll die Grundhaltung sein. In unserem Sprechen und rituellen Tun sollen eher Räume markiert, Zwischenräume zwischen Himmel und Erde als vom Guten, von Gott erfüllt erfahren werden.

Was dabei immer wieder deutlich wird: Menschen, insbesondere kirchlich „ungeübte", nehmen uns selbst zuerst als eine Person wahr. Sie spüren, ob und wie wir „da sind", wie wir als Person präsent sind – und das kann Hörende öffnen oder schnell abschalten lassen. Es kommt auf meine persönliche Ausstrahlung und meine Grundhaltung an. Ob ich respektvoll präsent bin und in mir etwas von Gottes Großzügigkeit erscheint. Ob ich – mit einem Wort von Madeleine Delbrêl – wie ein „neues Evangelium" bin oder eher komisch wirke, aus verstaubten Welten kommend und gar noch die Befürchtung eines moralisierenden Kontrollgottes nährend. Dabei muss ich gar nicht perfekt sein, im Gegenteil. Gerade die eigene Gebrochenheit, die empfänglich gemacht hat, lässt mich glaubwürdig erscheinen. Vollmundiges Behaupten, blutleere Begrifflichkeiten verstellen und verhindern eher den Kontakt – mag alles auch noch so richtig sein.

Deshalb ist es wichtig, dass der Priester, Diakon oder wer auch immer nicht zu viele Beerdigungen übernimmt. Sonst kann leicht der Eindruck entstehen: Der oder die war ja gar nicht richtig „dabei", musste auch sofort weiter. Mir als leitendem Pfarrer gab es in einem großen Pastoralen Raum immer einen Stich ins Herz, wenn Gemeindeglieder sagten: „Natürlich, Herr Pfarrer, Sie haben ja keine Zeit, wir fragen erst gar nicht, ob Sie mitkommen." Wie freundlich kann Kirche im Gegensatz dazu erlebt werden, wenn jemand Zeit hat, sich wirklich Zeit nimmt. Werden Begräbnisse und Trauerfeiern auf viele Schultern verteilt, ist es eher möglich, sie sorgfältig und liebevoll vorzubereiten und innerlich beteiligt zu feiern.

Für mich ist dies ein weiterer Grund (außer denen in „Im Kielwasser von Konzil und Synode" genannten), Gemeindeglieder für diese Dienste auszubilden, möglichst eine ganze Reihe von ihnen in jeder Gemeinde, in überschaubaren Bereichen.

Konkret, aber einmal eher für Insider zum Nachsinnen formuliert, hieße das für den Beerdigungsdienst: Wir sind eingeladen, Zeugen zu sein, damit Menschen Abschied und Tod besser bestehen können, besser mit ihnen umgehen können. Ob dies am Sarg oder mit einer Urne geschieht, am Grab oder in einem Friedwald, mit Boden unter den Füßen oder bei einer Seebestattung, in einer Kirche, Kapelle oder einer Abschiedshalle – die Orte werden immer vielfältiger. Und überall besteht die Chance, Menschen an der eigenen Hoffnung auf den Gott des Lebens Anteil zu geben, Licht im Dunkel von Abschied und Tod aufleuchten zu lassen.

Es ist auf jeden Fall eine der großen Chancen missionarischer Präsenz. Dabei ist missionarisches Sprechen sensibel für die jeweiligen Lebensbereiche und ihre Ausdrucksformen. Es geht um missionarische Rede, um mystagogisches Sprechen. Diese Sprachgestalt wendet sich an Menschen, denen sich Gott schon mitgeteilt hat (Karl Rahner), und hilft ihnen, diese Vor-Gabe zu entdecken. Der große Rahmen für dieses Sprechen und Tun sind darum die ersten Worte der Pastoralkonstitution *Gaudium et spes*. Sie sind so etwas wie eine Arbeitsplatzbeschreibung für die Mitglieder des Volkes Gottes und Grundmelodie aller christlichen Präsenz – nicht nur in Leid und Tod: „Freude und Hoffnung, Trauer und Angst der Menschen von heute, besonders der Armen und Bedrängten aller Art, sind auch Freude und Hoffnung, Angst und Trauer der Jünger Christi", so heißt es da, und weiter: „Und es gibt nichts wahrhaft Menschliches, das nicht in ihrem Herzen Widerhall fände."

Diese respektvolle Präsenz von Christen als Glaubenszeugen hat Bischof Klaus Hemmerle achtungsvoll und markant in folgende Worte gefasst:

Lass mich dich lernen,
dein Denken und Sprechen,
dein Fragen und Dasein,
damit ich daran die Botschaft neu entdecke,
die ich dir zu überliefern habe.

Nicht nur angestoßen durch zum Glück weithin missglückte römische Zentralisierungsversuche in Sachen Neues Messbuch ist in letzter Zeit neu die Frage nach Sprache und Riten in liturgischer Feier sehr fundiert diskutiert worden (Literaturhinweise finden sich am Ende des Buches). Mit dem in diesem Zusammenhang auftauchenden Begriff der „Hermeneutik der anderen" kommt in den Blick, dass die Sprache in Gottesdiensten und die Zeichen und Riten, die im Gemeindealltag selbstverständlich erscheinen, von nicht damit Vertrauten eher als „kulturelle Anomalie" empfunden werden.

So stellt sich im Zusammenhang des Themas dieses Buches die Frage: Wie können Menschen, die zu kirchlicher Feier anlässlich eines Sterbefalls kommen, verstehen, was wir feiern? Wie wirken Formulierungen auf Personen, die zu gemeindlichem Sprachraum keinen Alltagskontakt mehr haben? Wie hören und empfinden Menschen z. B. aus dem Osten unseres Landes oder in anderen Religionen beheimatete unser Beten und Singen? Denn so viele von ihnen hatten noch nie Gelegenheit, den christlichen Glauben buchstabiert zu bekommen oder sich ihm im erklärten Vollzug zu nähern und auf Lebenstauglichkeit abklopfen zu können.

Im Folgenden werden beispielhaft Formulierungen aufgelistet, die sich bei Trauerfeiern oder Bestattungen als mögliche „Stolpersteine" für kirchlich Ungeübte erweisen können, wo in Worten oder in den Gesten und Riten für „Normal-Ohren und -Augen" etwas ausgedrückt wird, was wir gerade vom Evangelium und „Gaudium et spes" her nicht sagen möchten. Dazu sind folgende Beispiele zu nennen:

- *„von Schwestern und Brüdern"* zu sprechen – das weckt womöglich falsche Vorstellungen. Denn mancher hört das im Zusammenhang von Blutsverwandtschaft.

Die Anwesenden konkreter zu benennen scheint hilfreich und angemessen: Liebe Ehefrau, liebe Kinder … liebe Familie, Freunde und Nachbarn, liebe Kolleginnen von N. N.

Ebenso kann sich die Rede vom *„Diener Gottes"*, der verstarb, als unverständlich oder gar unglücklich erweisen.

In der Vorbereitung ist immer ein Blick auf die Todesanzeige erhellend, denn der Lebenszusammenhang der engsten Betroffenen wird oft gut vor Augen geführt in den Personen, die in der Anzeige unterzeichnet haben. Doch auch hier ist Vorsicht geboten bei immer häufiger sehr ausdifferenzierten Familienverhältnissen, z. B. durch Trennung verursachte Spaltungen in einer Familie. Nicht selten erscheinen zwei getrennte Todesanzeigen in der Zeitung.

- *„Möge er auferstehen wie Christus"*
Von Auf*erweckung* zu sprechen, richtet den Blick deutlicher auf das Handeln Gottes:

Jesus kommt nicht in den Verdacht, ein Held zu sein, der kraftvoll wieder selbst dem Tod trotzend sich zum Himmel aufschwingt. Und – wer sonst könnte das schon?

Es geht also nicht um eine Art Heldenverehrung. Zentral feiern wir, dass in Jesus, dem Menschensohn, Gott unser Leben und Sterben teilte und dass sich der liebende Gott im Sterben Jesu als treu erwies. Diese Erfahrung der Treue Gottes im Tod kann Hoffnung entfachen, dass Gott auch in jedem anderen Sterben mächtig bleibt.

Bei diesen Formulierungen wird beispielhaft deutlich, wie Sprache Theologie transportiert und wie gewohntes Sprechen in neuen Zusammenhängen als wenig Hoffnung stiftend erfahren werden kann.

- *„Wir alle sind traurig, wir alle sind erschüttert"*
Solche Rede kommt oft vereinnahmend an. Sind denn wirklich alle traurig über den Tod dieses Menschen – wer weiß? Manche nehmen diesen Tod nur zur Kenntnis, für andere kann es ein Aufatmen bedeuten, wenn die Pflege dieses Menschen Menschenmögliches überstieg, wenn die Beziehung belastet war. Andere sind nur aus gesellschaftlicher Verpflichtung anwesend, z. B. bei einer Kollegin.

- *„Gott sei ein gnädiger Richter"*
Nicht wenige haben die Rede von Gott als Richter als bedrückend und ängstigend erlebt.

Sowohl im Blick auf den/die Verstorbene/-n als auch auf die teilnehmenden Lebenden sollte von einem liebenden, suchenden Gott die Rede sein, dessen Gerechtigkeit im Wiederherstellen und bestärkenden Trösten ihren Ausdruck findet.

Viele andere Beispiele können benannt werden, wo das gesprochene und gebetete Wort die biblische Gottesrede nicht glücklich widerspiegelt. Die Sprache am Sarg/auf den Friedhöfen soll Verkündigung der Liebe Gottes sein, die am Anfang und Ende steht. Zu sprechen ist von Gottes Barmherzigkeit, seiner Großzügigkeit und seiner Sehnsucht nach jedem Menschen. Von Gottes Gerechtigkeit, die wiederherstellende Liebe ist. Denn Gott liebt uns nicht, weil wir gut sind – so drückt es Richard Rohr aus –, Gott liebt uns, damit wir gut werden können.

- *„… den Weg des Glaubens zu Ende gegangen"*
Das kann stimmen, kann aber auch unangemessen von jemandem sprechen, für den Glaube und Kirche keine hilfreichen Zugänge zum Leben bedeuteten. Wenn z. B. in Depression Gott hätte Hilfe sein können, aber tragisch nicht erreichbar schien.

- *„Herr, lass sie ruhen in Frieden"*
So gewohnt diese Formulierung noch in kirchlichen Kreisen ist – ich erhoffe mehr für meine geliebten Verstorbenen! Nicht nur, dass sie nun „ihre Ruhe" haben. Ich wünsche ihnen erfülltes Leben. So beten manche nach „O Herr, gib unserem Verstorbenen die ewige Ruhe – Und das ewige Licht leuchte ihnen" nicht mehr „Lass sie ruhen in Frieden", sondern „Lass sie *leben* in Frieden".

Hoffentlich tragen diese Beispiele dazu bei, sensibel zu machen für ungeeignete Formulierungen. In dem Kurs „Die Gemeinde bestattet ihre Toten" von Paus/Pietron werden weitere Beispiele genannt und passende Formulierungen vorgeschlagen. Und übrigens kommt man gerade im Gespräch mit nicht-kirchischen Gesprächspartnern oft schnell auf gelungene Formulierungen für das Sprechen vom Gott des Lebens. Ein Kernfrage kann sein: Gibt unser Sprechen die Art wieder, wie Jesus von Gott sprach? Laden wir ein, in das Gottesverhältnis Jesu einzutreten?
Zum Schluss dieser Nennungen möchte ich noch ein Beispiel geben, wie die Weisheit des Volkes Gottes Neues in unseren

bewährten Riten und Vollzügen gebären kann. Gerade mit Blick auf die Erfahrungen aus Südafrika wurde uns neu deutlich, wie dort Sterben und Tod als Teil des Lebensalltags erfahren werden, wie sie als Teil des einen Lebens öffentlich Raum haben, während man in unseren Breiten eher Berührungsängste hat. Das beginnt oft schon lange vor dem Tod mit dem Verdrängen von Alter und Gebrechlichkeit. Ein Indiz dafür war und ist, dass sehr viele bei einer Erdbestattung zwar Blumen ins Grab geben, der Behälter mit Erde aber häufig unangetastet bleibt. So haben wir Mitte der 90er-Jahre ein neues Deutewort und einen neuen Ritus ausprobiert: Der Leiter der Beerdigung nimmt am Grab zuerst die Blumen, gibt sie ins Grab und sagt dazu: Die Blumen, ein Zeichen der Liebe, seien ein Zeichen dafür, dass Gott dich in deinem Tod aufblühen lässt – zu einem erfüllten Leben. Oder: damit all deine Schönheit sichtbar wird. Oder: zu einem Leben ohne Krankheit und Leid ... zu einem Leben, in dem alle Fragen in Gott Antwort finden ... Dann erst folgt der Ritus mit Erde mit den dazu bekannten Worten: „Von der Erde bist du genommen, zur Erde kehrst du zurück. Der Herr aber wird dich auferwecken." Dabei nimmt er die Erde mit der linken Hand – damit die rechte Hand sauber bleibt, mit der man später kondoliert. Es fiel auf, dass auf diese Weise auch die Teilnehmer wieder häufiger Erde mit der kleinen Schaufel ins Grab geben, nachdem sie sonst meistens nur Blumen genommen hatten. Der Eindruck entstand, dass sich im Volk Gottes so etwas wie ein Sinn für das gesamte Leben gemeldet hat. Nach dem Motto: Leben ist vergänglich, ja, aber es ist auch wunderbar, selbst wenn ein Leben nicht ausreicht, dass die ganze Schönheit eines Menschen zur Welt kommen kann. Und dass Schmerz und Leid Heilung finden sowie Tränen getrocknet werden von zärtlicher Gotteshand.

requiem

immer schon
sitzen wir im wartezimmer des todes
der nächste bitte

niemand ist dir treuer
als dein tod
er vergisst dich nicht

und wenn er über dich kommt
schließ die augen
wie zum kuss

lass dich in seine arme sinken
wie eine untergehende insel
in den rausch der wogen

wohin du gesunken bist
reicht kein licht hinab

selbst die liebste kann
nicht zu dir hinuntertauchen

was wissen wir lebenden denn
von den untiefen des todes

oder ruhst du
im grunde

(Andreas Knapp)

Realpräsenz

am blühenden Baum
nicht entatmet vorüberhasten
einen Augenblick lang
stehen und staunen

den duftenden Kaffee
nicht gedankenlos hinunterstürzen
einen Schluck lang
schmecken und kosten

die Stimmen in mir
zum Schweigen bringen
um ganz Ohr zu sein
wenn du mir erzählst

nicht im Vergangenen verbleiben
nicht ins Künftige auswandern
ganz hin und weg sein
und darin ganz da

leben
in der reinen
Gegenwart
sie ist Gottes

(Andreas Knapp)

Zwiesprache mit dem Gekreuzigten

unwiderstehlich
die Anziehungskraft
ausgebreiteter Arme

was dir schon alles gestorben ist
schau es an im Angesichte
seines Sterbens

im Brennspiegel des Kruzifixes
siehst du plötzlich dich in ihm
ihn in dir

alles Versteinerte
schmilzt im
mitschweigenden Schmerz

denn Liebe
reift nur
unter Tränen

(Andreas Knapp)

Berufszufriedenheit ökumenisch – oder: Wie Anstößiges verbinden kann

Manches klärt sich erst auf dem Weg. Vieles kommt in Begegnungen ans Licht ... So auch beim Thema: Ökumene und Gemeindeglieder als BeerdigungsleiterInnen. Mich hat eine Erfahrung nachhaltig geprägt. Zweimal im Jahr nahm ich als Dechant teil an der Konferenz der evangelischen Pastorinnen und Pastoren. Es war über die Zeit ein interessiertes und geschwisterlich/freundschaftliches Miteinander gewachsen, das alle bereicherte. So fragte mich die Pröpstin bei einem Treffen 2006, ob es bei uns „Katholen" was Neues gäbe. „Ja", sagte ich ganz begeistert im Blick auf unsere neuen Wege: „Wir bilden nun Gemeindeglieder aus, die – hoffentlich in Teams – Beerdigungen leiten werden, wir bilden Osterzeugen aus."

Kaum hatte ich das ausgesprochen, war der Raum schon voll von Gemurmel und aufgeregtem Sprechen. Ich war verwundert. „Das geht doch nicht" und ähnliche Sätze schwirrten durch den Raum. Das sei Sache des Amtes, dazu sind doch Pastoren bestellt ..." So meine evangelischen Kollegen und Kolleginnen. „Das verstehe ich nicht", sagte ich mit einem Schmunzeln, unser Miteinander vertrug gut auch klare Worte, wenn sie respektvoll gesagt werden. „Da sagt ihr doch: Aus der Taufe kriechen kleine Priester – und dann das?" – Ein Kollege meldete sich zu Wort, der ein bisschen im Ruf stand, ‚recht katholisch' zu sein für einen evangelischen Pastor. „Das ist ganz einfach", sagte er, „wir brauchen die Beerdigungen, denn am Sonntag ist die Hütte (so sagte er zur Kirche) leer, nur ne Handvoll kommen zum Gottesdienst – und bei Beerdigungen ist volles Haus. Ich brauche das, sonst verzweifele ich noch ..." Es wurde ruhig im Raum. Ich fasste meine Mut zusammen und sagte: „Ich bin mal frech. Dann kann man ja den Eindruck gewinnen, ihr könnt bei euch eher jemanden zum Abendmahlfeiern ohne Ordination beauftragen als zu einer Beerdigung." Wieder Schweigen ... Und eine Kollegin sagte ruhig: „Ja, hier geht es zentral um Berufszufriedenheit!" Und dann schmunzelnd zu mir: „Aber da habt ihr katholischen Priester es ja nicht so mit … ihr habt es eher mit Aufopfern." Alle lachten herzhaft – ich konnte gut einstimmen.

Diese Begebenheit hat sich mir tief eingeprägt. Ich erzähle sie gern, wenn ich mit schon aktiven BeerdigungsleiterInnen in neuen Dekanaten oder Gremien unseren Weg vorstelle. Einmal nickte ein katholischer Pfarrer-Kollege dabei und sagte: „Ja, so geht es mir auch! Das wollte ich immer, mit den Menschen sein, Seelsorger wollte ich werden. Und nun dreht sich so viel um Geld und Bauen, um Verträge. Bei einer Beerdigung, da kann wieder mein Herz sprechen." – Und als dann eine Krankenhausseelsorgerin sich anschloss und sagte: „Deshalb liebe ich meine Arbeit. Ich kann mit den Menschen Wege gehen und sie dann auch zu Grabe begleiten", da nickten viele zustimmend. Ein nachdenkliches Schweigen erfüllte den Raum. Gern erzähle ich von diesen Begebenheiten, gerade aus Respekt vor so vielen, die an dem deutschen Pfarreienalltag so schwer tragen. Eine ganze Reihe verliert Freude am Beruf und resigniert still bzw. arbeitet über alle eigenen Grenzen hinweg, nicht wenige nehmen gesundheitlichen Schaden.

Die Gespräche zum Thema Gemeindeglieder als Beerdigungsleiter verlaufen sehr unterschiedlich – auch mit evangelischen Kollegen. Manchmal verteidigen evangelische und auch katholische KollegInnen die Ablehnung von Gemeindegliedern als Beerdigungsleitern und führen theologische Gründe an, z. B. aus Amts- und Gemeindetheologie. Sicher gibt es da auch Fragen, aber ich kann dem nicht mehr so einfach zustimmen. Mir scheint es vorrangig um emotionale Gründe zu gehen. Es geht nach meiner Erfahrung bei diesen Fragen nicht zuerst um Theologie. Das hat sich als Einsicht auch in vielen anderen Bereichen durchgesetzt: Die Persönlichkeit steht in vielem Pate für bevorzugte oder abgelehnte Inhalte.

Mit dieser Erfahrung im Rücken frage ich mich das ebenso bei vielen anderen Themen, die so engagiert mit Bergen von Argumenten in christlichen Kreisen ausgefochten werden: Geht es hier eigentlich um Heimatliches, Stützendes … geht es um

Berufszufriedenheit, bislang bewährte Lebens- und Arbeitsformen? Geht es letztlich um Gewohntes, um Vorlieben, oder soll, was ängstigt und Gewohntes bedroht (meist unbewusst) abgewehrt werden? – Worum geht es eigentlich bei Fragen wie verheirateten Priestern, bei Frauen im priesterlichen Dienst? Welches theologische Sachargument vermag zwingend gleichgeschlechtlich Liebende vom Priesterdienst auszuschließen? In vielen Fällen vermag ein „Sowohl-als-auch", ein „Entweder-oder" abzulösen und neue Horizonte zu eröffnen. Wo sind wir aufgefordert, Abschied zu nehmen von „alten Gewändern" und neuen Wegen zu vertrauen? Dass dabei auch Probleme auftauchen, ist selbstverständlich. Doch gibt es auch jetzt schon Probleme. Und sie scheinen beim Weitermachen auf nur alten gewohnten Wegen noch zu wachsen. Deshalb ist es nur klug, mit den Kräften, die wir gegenwärtig noch haben, neu Ausschau zu halten und wo notwendig Neuland zu betreten.

„Vertraut den neuen Wegen ..." singen wir gern bei ökumenischen Gottesdiensten. Dann sollten wir es auch tun, auf jeden Fall sollten wir es versuchen. Nicht blindlings, aber schon erfahrungsgesättigt durch Erfahrungen unserer einen Weltkirche. Das wäre im tiefsten Sinn ökumenisch.

Einwände: Gemeindeglieder als Beerdigungsleiter – das wollen die Gemeinden nicht …

Manchmal sagt ein Pfarrer: „Dass Gemeindeglieder beerdigen, das wollen die Gemeinden nicht!" Ich frage dann immer nach: „Wen meinst du, wenn du in diesem Zusammenhang von Gemeinde sprichst?" Schnell wird dann klar: Die Gemeinde – da sind meist die zehn bis zwanzig Prozent gemeint, die zum Gottesdienst kommen.

Wir haben gezielt einmal andere gefragt, die getauften Katholiken, die einen eher feiertäglichen Gebrauch der Geheimnisse unseres Glaubens machen (vgl. Unsere Hoffnung, Würzburger Synode). Am Rande von Taufen, Hochzeiten, Beerdigungen und bei Veranstaltungen in der Stadt oder auf den Dörfern haben wir gefragt: „Was meinen Sie dazu, wenn es normale Gemeindeglieder gäbe, die einen Begräbnisgottesdienst leiten?" Geschätzte 75 und mehr Prozent sagten: „Ach, ein Gemeindeglied – das ist ja neu. Da bewegt sich ja was in der Kirche." Und eine Frau: „Das ist toll … na klar!" Manche sagten: „Endlich!"

Natürlich – wenn ein Pfarrer die Gottesdienstbesucher vor der Kirche fragt, kommen Einwände gegen diese neue Praxis. Nicht selten bekommt man zu hören, dass, da man nun ein Leben lang zur Kirche gehe, einen dann auch der Pfarrer beerdigen solle. Aber auch aus der Gruppe der Nicht-Kirchgänger sind es nach unserer Erfahrung nur wenige, die generell ablehnend sind.

Deshalb kann man diese Frage unserer Erfahrung nach ganz entspannt betrachten, denn denjenigen, die wirklich unbedingt von einem Priester beigesetzt werden wollen, kann das auch zugesagt werden. Für diese nicht einmal 20 Prozent aller Gemeindeglieder reicht die Zahl der Kleriker in den nächsten Jahren leicht aus …

Die beste „Werbung" auf lange Sicht – das zeigen auch unsere Erfahrungen an allen Orten – ist die Qualität der BeerdigungsleiterInnen. Manchmal wird jemand sogar schon „vorgebucht". So sagte letztens die Tochter, deren Mutter beerdigt worden war, zu der Beerdigungsleiterin: „Frau N. N., bitte beerdigen Sie dann später auch den Vater, der ist auch schon sehr alt." Meistens haben die Gemeindeglieder, die beerdigen, einfach mehr Zeit – schon vorher für Besuche und auch nach der Beerdigung, um mit zum Kaffee zu gehen, sowie auch für einen Besuch nach einigen Wochen.

Vermutlich wird es in den nächsten Jahren normal sein, dass Gemeindeglieder Beerdigungen leiten. Mit Laien, die Kommunion austeilen, haben wir ähnliche Erfahrungen gemacht – heute ist das ganz selbstverständlich.

„Das war das Besondere an diesem Kurs: ER vermittelte mir Selbstvertrauen. Ich habe in diesem Kurs nicht nur Glaubensstärkung, sondern auch eine Stärkung meines Selbstbewusstseins erlebt."

Gabenorientierung –
alles auf göttlichem Hintergrund

Der Gläubige der Zukunft wird ein Mystiker sein ... dieser Ausspruch von Karl Rahner ist legendär. Er gewinnt in der heutigen Situation von Kirche und Glaube noch mehr an Brisanz. Es braucht Augen, die mit dem Herzen gemeinsam sehen lernen; die von der Vermutung ausgehen, dass Gott schon immer da ist. Zukunftsfähige Christen werden sich an Jesu Versprechen zu halten versuchen, dass er schon in jedem und jeder Wohnung genommen hat. Was lange als spezifischer Blick einiger weniger galt, die wir weithin Mystiker nennen, wird zum Merkmal zukunftsfähiger Christen. Sich mit diesem Blickwinkel den Menschen zu nähern kann sehr befreiend sein. Dann ändert sich die Frage, *ob* denn Gott im Leben dieser Frau oder dieses Mannes da ist bzw. da gewesen ist. Sie ändert sich fundamental hin zu: *Wie* ist Gott in diesem Leben da – als der Jahwe, der „Ich bin da, wo du bist"? Spuren von Gottes Gegenwart im Leben eines Menschen zu entdecken, dazu braucht es Osteraugen – und österlich geöffnete Herzen.

Diese Sicht befreit sowohl im Blick auf Verstorbene und Trauernde als auch im Blick auf alle Menschen: Wie ist Gott in diesem Menschen präsent? Kann ich darauf setzen, dass ich Gottes Haus und Bleibe bin, mein Innerstes Gottes Heimat ist – so wie es Teresa von Avila in einem Gebet sagt.

Im Ausbildungskurs hat uns das Bild vom himmlischen Jerusalem inspiriert. Ein Bild aus der Offenbarung des Johannes, dem Trostbuch für die damaligen verfolgten und bedrängten Christen. In der Beerdigungspredigt für Dorothee Sölle sprach die Predigerin von der „Niederkunft Gottes" – vom Herabkommen der Himmlischen Stadt (Offenbarung 21 – Zu diesen Ausführungen vgl. D. Sölle, „Mystik des Todes"). Von Gott als „der besten aller Hebammen" ist die Rede. Und von der

Aufgabe der Erde und der Menschen, gebärend mitzutun. So kommt das neue Leben nieder, neues Leben kommt zur Welt. Wo Gott alle Tränen abwischen wird und der Tod nicht mehr sein wird – alles neu! So lautet der Schlussakkord allen Lebens.

Neben dem, was Mystiker die Gottesgeburt in der Seele nennen, geht es hier um die Gaben Gottes, die in jedem Menschen auf einmalige Weise auf die Welt kommen wollen. Angeborene Talente warten auf Entbindung. Gaben drängen ans Licht, um sich zu entfalten. Mit einem der bekanntesten spirituellen Autoren unserer Zeit, mit Thomas Merton, ausgedrückt: Das wahre Selbst eines Menschen soll frei werden. Ich soll werden, wer ich (in den Augen Gottes) schon immer bin. Der Christ, die Christin von heute – und morgen – wird ein Mystiker sein ...

einer, der von Gott etwas erfahren hat
eine, die sich in Gott erfahren hat
einer, der Gott in sich erfahren hat, nicht nur „Gott an sich" –
in sich, Gott in jedem und jeder.

Dazu passt das Wort des Apostels Paulus im Brief an seine Gemeinde in Rom (Römer 8), dass die ganze Schöpfung seufzt und stöhnt. Auch das Volk Gottes mit allen Geschöpfen wartet sehnsüchtig auf das Offenbarwerden des neuen Menschen, darauf dass hoffentlich bald sich Menschen als Tochter und Sohn Gottes ent-puppen – wie ein Schmetterling in seiner befreiten Gestalt erscheinen und in österlicher Leichtigkeit Zeugen von Gottes unbändiger Lebenskraft und Schönheit sind.

Im Blick auf den Weg zu Beerdigungsleiterinnen aus dem Kreis der Gemeindeglieder buchstabiert sich damit das Wort „Gabenorientierung" in seiner wesentlichen Tiefe neu aus. Gabenorientierung heißt: Indem meine Gaben zur Welt kommen, komme ich mit meinem Wesen zur Welt. Mein wahres Selbst wird geboren. Gott erscheint als der großzügig Schenkende.

Gabenorientierung heißt damit auch: Menschen, die so ihre Gaben erkennen und annehmen, werden selbst, schon durch ihre Existenz allein, zu einem Osterzeugnis, weil ungeahnte Lebenskraft in ihnen erweckt wird.

Gabenorientierte Pastoral wird zum Hebammendienst, zur Entbindungsstation neuen Lebens.

„Die Zweiteilung in Osterzeugen- und Werkstattkurs fand ich zuerst befremdlich. Ich spürte aber in der Folge eine größere Ruhe und Sicherheit, ja wachsende Neugier."

„Ostergeschichten sind mir wieder als Lebensgeschichten sichtbar geworden."

Solo JAHWE – basta!

Sólo JAHWE – basta! So könnte man im Anschluss an Teresa von Avila sagen. Im Konzert der vielen Namen Gottes spiegelt „Jahwe" die außerordentliche Gottesnähe wider: Es ist nicht nur der erste Name, mit dem Gott sich zu seinem Wesen bekennt – als der Zugeneigte, der mit wachem Interesse das Schreien seines Volkes hört. Der Name Jahwe ist wie eine Zusammenfassung der Erfahrung seines Volkes: Gott ist da, er ist einfach da. Charmant übersetzt Martin Buber dieses heilige Wort mit: Ich bin da, wo du bist. Und – auf Ostern hin gelesen: Gott bleibt da, auch mitten in Sterben und Tod. Wenn Jesus die Höchstform der Selbstoffenbarung Gottes ist, legt der Menschensohn und Gottessohn diesen ersten Gottesnamen in seinem Sprechen und Tun aus. Dass Gott da ist, sollt ihr spüren. Dass Gott heilsam da ist, soll im Heiland zur Welt kommen. Einen präsenten Gott glauben wir als Christen. Und Gott legt sein Wesen selbst aus: Er macht sich zum Präsent – er schenkt uns seinen Sohn. In Leiden, Sterben und Tod sind Christen bevollmächtigt und beauftragt, diesen Wesensnamen Gottes auszulegen – mit ihrer Präsenz. Und auch hier gilt: Wer zugeneigt präsent ist, wird zum Präsent für die Menschen.

„Herr Pfarrer, Sie haben uns so geholfen!", durfte ich öfter hören. „Aber was konnte ich denn tun, ich konnte doch an Ihrem Schmerz und Leid nichts ändern", habe ich manchmal geantwortet. „Doch", widersprachen die Trauernden meist, „doch, Sie waren da. Sie haben mit uns geschwiegen, mit uns gesprochen. Sie haben uns aufgesucht. Sie waren einfach da."
Jahwe – ich bin da.

Auf diesem Hintergrund muss sich kirchliche Gottesrede bewähren. Dieses Sprechen ist missionarisch, bezeugende freiheitliche Rede – und wie mit offener Hand von Herzen präsentierend.

Von einem durch und durch barmherzigen Gott wird – besonders im Angesicht von Tod und Trauer – die Rede sein, von seiner großzügigen Zuneigung und Suche nach seinen geliebten Menschen. Und die Sprache wird ein respektvolles Gewand tragen – keine bewertende Abschlusserklärung über ein Leben und kein druckvolles Ängstigen von jenseitigen, quälenden Feuern. Eher die Hoffnung des eigenen Herzens auf eine feurige Liebe, die das Herz erwärmt und sich daran freut, jeden Menschen endgültig umarmen zu können.

Ein Gott, der uns wieder heimliebt in seine dreifaltige Liebesdynamik, die immer unsere Heimat geblieben ist. Heimkehr – so hat es jemand einmal formuliert – ist Heimfinden in das „göttliche Durcheinander": das sich göttlich einander Durchwirken, Durchströmen … In diesem göttlichen lebendigen Miteinander, das heimatlich geschenkt bleibt auf allen Wegen und in dem unser wahres Wesen ein beständiges Zuhause hat.

Jemand hat einmal so formuliert: Geht's jemandem wirklich schlecht, ist die Lage bedrohlich bis aussichtslos, so sagt so mancher: In dessen Haut möchte ich nicht stecken. Gott tritt in der Menschwerdung Jesu genau den umgekehrten Weg an. Gott macht sich in Christus auf den Weg runter ins Elend (und in alles Freuen und Genießen) seiner Menschen, in alles menschliche Leben von fast missglückter Geburt, in den Alltag eines Handwerkers in einem kleinen Kaff (Kafarnaum), einen Weg, der bis zur Hinrichtung führte. Gott wollte genau in unserer Haut stecken, in unserer menschlichen Haut. Ein Mensch sein mit Haut und Haaren. Zu Recht bezeichnen wir das Christentum als Offenbarungsreligion. Denn es wird im Zimmermann aus Nazareth offenbar, wie Gott ist. Mittendrin, immer mittendrin und zugeneigt.

Dieses Buch erscheint im Heiligen Jahr der Barmherzigkeit – seid barmherzig, wie es auch Gott ist. Beerdigungsleiterinnen und Beerdigungsleiter werden ausgesandt, dafür Zeuginnen und Zeugen zu sein – jede und jeder mit eigener Art, präsent zu sein. Osterzeugen als göttliches Präsent.

Christian Hennecke

Nachruf: Der Dienst der Beerdigung ist mehr als ein Ersatz

Nachruf auf eine Notlösung

Wann begann – in der langen Geschichte der Evolution – menschliches Leben? Das ist nicht einfach zu beantworten, aber ich erinnere mich sehr gut an meinen Besuch im Field-Museum in Chicago und die dortige Ausstellung zur Evolution. In der langen Geschichte der Säuger und Humanoiden gibt es einen entscheidenden Moment. Auf einmal nämlich kann nachgewiesen werden, dass es so etwas wie einen Totenkult gibt. Hinweise auf Beerdigungsriten sind augenfällig – der Mensch wird Mensch, wenn er seine Endlichkeit gestaltet. Könnte man sagen: Das Wesen des Menschen besteht darin, sich mit dem Tod auseinanderzusetzen? Der Hannover'sche Philosoph Jürgen Manemann verweist in diesem Kontext auf den Zusammenhang zwischen dem „humanum" und seiner etymologischen Wurzel „humus", „Erde".

So beginnt also alles mit der Angst vor der Vergänglichkeit und dem Sterben, mit der Ungewissheit um das eigene Sterben, um das eigene Leben. Und das wird schnell zu einer theologischen Frage: Gibt es jemanden, der mein Leben trägt und umfängt, bedroht oder vernichtet? Wie viel wert ist das Leben?

Die christliche Antwort ist klar: Gott ist das Leben selbst, so bezeugen die biblischen Quellen, er hat den Tod nicht geschaffen. Der Tod aber ist in der Welt, Ungerechtigkeit und Krankheit, Krieg und Gewalt prägen unsere Welt. Wer ist Gott? Ist Gott da? Die neutestamentliche Botschaft spitzt die Botschaft vom Gott des Lebens noch einmal zu. Gott ist die Liebe, aber eben eine Liebe, die sich zeigt im Sterben Jesu, in seinem Tod für uns. Weil im Sterben und in der Auferstehung

Jesu der Tod umfangen ist vom Leben. So kann Paulus ausrufen: „Nichts kann uns scheiden von der Liebe Gottes" – und er deutet ebenfalls im Römerbrief das Leiden und die Wirklichkeit des Sterbens als Geburtswehen einer neuen Schöpfung. Theologisch noch tiefer gesprochen: Auch die Kirche verdankt sich dem Sterben, der bis in den Tod hineinreichenden Liebe Christi. Das Johannesevangelium sieht in der Szene unter dem Kreuz, in der Jesus Maria und den Lieblingsjünger verknüpft, die Geburtsstunde der Kirche. Und die Liturgiekonstitution Sacrosanctum Concilium (Nr. 5) formuliert: *„Dieses Werk der Erlösung der Menschen und der vollendeten Verherrlichung Gottes … hat Christus, der Herr, erfüllt, besonders durch das Pascha-Mysterium: sein seliges Leiden, seine Auferstehung von den Toten und seine glorreiche Himmelfahrt. In diesem Mysterium ‚hat er durch sein Sterben unseren Tod vernichtet und durch sein Auferstehen das Leben neugeschaffen'. Denn aus der Seite des am Kreuz entschlafenen Christus ist das wunderbare Geheimnis der ganzen Kirche hervorgegangen."*

Kirche und das Sterben – ein neues Kirchenbild

Der Epheserbrief formuliert es deutlich: Das Leben der Christen in ihrem Miteinander und Füreinander spiegelt Christus wider – „in seiner vollendeten Gestalt". Der Vollzug des Füreinanders, der Zusammengehörigkeit zeigt also das Antlitz Christi. Was heißt das? Die Gegenwart Christi zeigt sich dort, wo Christen die Proexistenz Christi leben: seine Hingabe für uns widerspiegeln und also „Kirche für andere" so sind, wie Christus es vorgelebt hat.

Das kann man noch weiter entschlüsseln. Eines der Werke der Barmherzigkeit ist ja, Tote zu bestatten. Hier zeigt sich konkret, wie die Sorge um den anderen, den Toten wie den Trauernden, gemeint ist. Es geht also nicht um eine Dienstleistung, wenn beerdigt wird, wenn Trauernde begleitet werden, sondern um eine Spiegelung der Barmherzigkeit Gottes. Es geht – nach unseren Überlegungen – auch nicht um ein soziales oder pastorales Extra, sondern um einen Vollzug dessen, was Gott zutiefst ausmacht: Seine Liebe wird – nicht nur in der Beerdigung und der Trauerbegleitung – gespiegelt und erfahrbar gemacht. Oder eben auch nicht.

Es geht um ein Zeugnis authentischen Kircheseins, nicht um eine Dienstleistung. Das habe ich auch immer wieder erfahren können, gerade dann, wenn es Menschen gab, die sehr intensiv diesen Weg durch den Tod ins Leben als Christen gegangen sind. Natürlich sind Professionalität und Qualität gesucht, wenn es um einen solchen zentralen Moment menschlichen Lebens geht, aber es geht nie nur darum, wenigstens für uns, dass es „erledigt" wird – sondern um ein Zeugnis für das Leben durch den Tod hindurch.

Dienstleistung wird es erst dann, wenn in der Professionalität nicht mehr erkennbar wird, dass es hier um einen Grundvollzug der barmherzigen Liebe geht. Ein Grundvollzug aber eben nicht eines „Profis", sondern der Gemeinschaft der Gläubigen …

Der Umgang mit dem Tod – eine gemeinschaftliche Berufung

Wir sprechen von der Gemeinschaft der Heiligen, und wir meinen eine Gemeinschaft jenseits der Grenzen von Leben und Tod, die alle miteinander in Christus verknüpft. Deswegen feiern wir auch immer wieder – eigentlich in jeder Eucharistie – diese Gemeinschaft, die von Erinnerung und Vergegenwärtigung aller Lebenden und Toten spricht.

Das darf aber auch Auswirkungen auf den praktischen Umgang mit der Frage nach der Beerdigung und der Begleitung von Trauernden haben. Und das habe ich erlebt.

In der Diözese Aliwal-North (mit Bischof Michael Wüstenberg) haben wir intensiv über die Fragen der Beerdigungskultur gesprochen. Wie in nicht lange zurückliegender Vergangenheit in unserem Kulturbereich ist auch dort die Frage nach dem Tod eines Christen nicht die Frage nach einem Professionellen, sondern eine Frage an die gesamte Gemeinschaft. Die Begleitung des Trauernden, die Riten, all das ist Lebensvollzug der Gemeinde. Aber natürlich ist in allen Gemeinden auch ein Team (oder mehrere), die miteinander die verschiedenen Trauerphasen begleiten und natürlich die Beerdigung verantworten.

In ähnlicher Weise habe ich das in Mexico-City erlebt. Ein Freund von mir ist dort Pfarrer für 30 000 Katholiken in 28 Straßen. Und natürlich beerdigt er nicht. Das Geschehen des Sterbens, des Aufbahrens und der Rituale im Zuhause des Toten werden von den Verantwortlichen der „Straßengemeinden" (es gibt in der Tat so viele Gemeinden wie Straßen ...) gestaltet. Zuweilen ist der Pfarrer bei der Aussegnung für einen kurzen Moment dabei und gestaltet eine Totenliturgie.

Hier gilt es innezuhalten und ein wenig zu reflektieren. Es ist ganz klar, dass in den erzählten Beispielen nicht nur eine fremde Kultur begegnet, die es „halt anders macht", sondern auch eine Ausfaltung einer Kultur des Kircheseins, die mitgedacht ist, wenn man über den Dienst der Beerdigung in unserem Horizont nachdenkt. Denn man könnte auch anders denken: dass es einfach darum gehe, dass man das Geschäft der Beerdigung (auch angesichts des Priestermangels) einfach anderen Hauptberuflichen oder Ehrenamtlichen überträgt. Dann würde es einfach so weitergehen wie vorher. Und der Dienst des Beerdigungsleiters wäre ein Ersatz für die eigentlichen und richtigen Beerdigungen für den leider nicht vorhandenen Priester.

Aber etwas gänzlich anderes ist gemeint. Angesichts des Missverständnisses der Beerdigung und der ihr zugehörigen Trauerbegleitung mit einer zu erbringenden Dienstleistung ist dies aber weiter auszuführen.

Kirche in der Nähe

Der Freiburger Finanzwirtschaftler Bernd Raffelhüschen hat bei einer (gewagten) Projektion der Kirchensteuereinnahmen des Bistums Hildesheim darauf verwiesen, dass die Kirchenzugehörigkeit sich entscheidet an der Frage nach der Alltagsrelevanz des christlichen Glaubens. Das ist eine spannende Aussage, gerade mit Blick auf zukünftige pastorale Perspektiven. Gerade die Alltagsrelevanz ist Sache aller Gläubigen, nicht der Hauptberuflichen. Von daher wird noch einmal klar, auf welchem Weg wir uns – gerade auch im Blick auf Dienste in der Kirche – bewegen.

Das Paradigma einer versorgenden Professionalität steckt in einer tiefen Veränderung: Weiterhin braucht es ermöglichende und sakramentale Grundstrukturen, und es braucht Hauptberufliche und Priester, die sich in den Dienst des Volkes Gottes stellen, indem sie ermöglichen, dass Berufung und Sendung dieses Volkes immer mehr auf den Weg kommen und verwurzelt sind in der Begegnung mit Jesus Christus. Dem Volk Gottes an einem Ort, in einem Dorf oder Stadtteil aber ist die gemeinsame kirchliche Sendung für den konkreten Lebensraum aufgetragen. Es geht um die Nähe, wie zum Beispiel im Erzbistum Poitiers immer wieder gesagt wird: Es ist die Nähe, die den konkreten Beziehungsraum ermöglicht, in der Christinnen und Christen sich die konkrete „Freude und Hoffnung, Trauer und Angst der Menschen, besonders der Armen und Bedrängten jedweder Art" (Gaudium et spes 1), zu eigen machen, teilen und so dienend das Reich Gottes bezeugen.

Eine Praxis des Rufens

Diese Perspektive ist der größere, aber unverzichtbare Rahmen für die Frage nach dem Dienst in Trauer und Beerdigung. Denn es geht um einen viel tiefergreifenden Paradigmenwechsel als „nur" um die Frage, wer kompetent Beerdigungen leiten kann. Es geht um eine Erinnerung und Bewusstwerdung: Wir leben als Christen in örtlichen Gemeinden und Beziehungsnetzen, und gerade in ihnen gibt es eine gemeinsame Verantwortung für das Zeugnis der Barmherzigkeit, für die Praxis der Verkündigung, der Liturgie und des Dienstes an den Bedürftigen.

Auch wenn dies seit dem II. Vatikanum durchaus immer wieder gesagt wurde, de facto hat sich die Kirche vor Ort von einem anderen Paradigma prägen lassen: Das Gefüge nachvolkskirchlicher Gemeindekirche ist geprägt von einer starken Versorgungs- und Dienstleistungsorientierung, die sich auf die bezahlten Pastoralkräfte und auch auf die Priester fixiert. Diese zeitgeistige Anpassung ist nicht schwer durchschaubar als Anklang an ein institutionenzentriertes Verständnis der Kirche als Dienstleistungsorganisation, der die Gläubigen sich zuordnen (sollen). Sie dürfen mitmachen, aber sie „sind" nicht Kirche.

Aber seit dem II. Vatikanum ist dieser Ansatz eigentlich eingebunden in ein partizipatives Verstehen der Kirche als Volk Gottes auf dem Weg, das – Leib Christi – verschiedene Gaben und Dienste teilt und so Christus bezeugt.

Das hat nun sehr praktische Konsequenzen für die Frage des Beerdigungsdienstes, die uns ja hier exemplarisch bewegt. Damit nämlich dieser Dienst spiegeln kann, dass er Ausdruck eines neuen Weges des Kircheseins ist, braucht es zunächst Wege, auf denen Christen diese ihre gemeinsame Berufung entdecken können. Das ist kein schneller Weg, sondern erfordert eine „Über-setzung" zum Bild einer Kirche der Beteiligung. Geschieht dies nicht oder wird dies nicht wesentlich angezielt, dann bleibt die Bemühung um die neuen Dienste für Beerdigung und Trauer letztlich – trotz aller theologischen und pastoralen Rhetorik – nur eine neue Regelung. Sie wird nicht Sache aller und Ausdruck ihrer gemeinsamen Verantwortung. Hier braucht es wahrhaft Zeit und Prozesse des „communitybuilding".

Auf diesem neuen Hintergrund eines „gemeinsam Kirche sein" aber wird dann die Frage nach einer Praxis des Rufens spannend. Sie gilt nicht nur für die Dienste der Beerdigung, sondern für alle Dienste in und an der Gemeinschaft der Gläubigen. „Rufen" meint hier das Hervorrufen von Christinnen und Christen, die von der Gemeinschaft vor Ort für fähig gehalten werden, diesen Dienst/diese Dienste zu tun. Es ist nicht eine Frage, „wer Lust hat", es ist auch keine Frage, ob ein Pfarrer oder Hauptberufliche „ihre Leute" finden. Es ist vielmehr ein bewusst oder unbewusst stattfindender Berufungsprozess der Gemeinde selbst, der dann von Gremien und dem Pfarrer bestätigt wird.

Auch hier haben wir bisher eine andere Kultur: Oft wählt oder ruft der Pfarrer in einen Dienst, der dann als „Unterstützung" und „Hilfe" für die Hauptberuflichen gesehen wird. Auf Zeit natürlich, aber dann werden sie ein wenig ausgebildet und können so etwas wie „pastorale Hilfskräfte" sein. Die Gemeinschaft der Gläubigen ihrerseits fühlt sich nicht betroffen – für sie ist es manchmal eine Überraschung, wer wichtige Dienste übernimmt. Und manchmal entsteht aus diesem Modus heraus der Eindruck, dass doch alles funktioniert. Und man fühlt sich gut versorgt. Die Rückseite dieses Verfahrens ist allerdings, dass dann auf der Ebene weniger Ehrenamtlicher der Eindruck ständig wachsender Anforderungen entsteht. Immer weniger haben immer mehr Aufgaben. Hier spiegelt sich nichts anderes als ein altes versorgungskirchliches Modell: Dem Klagen überforderter Hauptberuflicher entspricht das Klagen überlasteter Ehrenamtlicher, die darüber hinaus nur selten hinreichend begleitet sind und nicht um den Rahmen ihrer Kompetenz wissen.

Wenn nun aber eine Gemeinschaft von Gläubigen Ausschau hält nach „Zu-Rufenden", dann kann dies wie ein geistlicher Prozess gestaltet werden: Der Ruf ist eine Ermutigung, sich der eigenen Gabe bewusst zu werden, und sich dann zu fragen, ob man auf diesen Ruf antworten möchte. Wie geschieht das konkret? Dort, wo die Notwendigkeit eines Dienstes entsteht, können sich die Gremien fragen, auf welche Weise Menschen in der Gemeinde für diesen Dienst gerufen werden können. Dabei sollte eben der Blick auf „alle" fallen. Es wird wesentlich davon abhängen, in welchem Netz von Beziehungen die Kirche vor Ort lebt. Auch bislang „Ungerufene" könnten ja angesprochen, hervorgerufen werden, wenn sie geeignet erscheinen. Es gehört zu unserem neuen Verstehen des Kircheseins, dass nicht die bisherigen Engagements zum alleinigen Kriterium werden, sondern die Frage, wer für welchen Dienst eine Gabe hat – auch wenn er bislang nicht so im „Kern" der Gemeinde stand …

Aber wenn jemand auf diesen Ruf antworten möchte, wenn er die Einladung der Gemeinschaft verknüpfen kann mit seinem eigenen Hinhören auf seinem persönlichen Ruf, dann ginge es darum, mit einer engagierten Zurüstung diese Gabe zu entfalten. Mir scheint, dass wir an dieser Stelle aus einer Erfahrung von Kurzausbildungen kommen, die sich um das hilfsweise Durchführen von doch eigentlich hauptamtlich zu erledigenden Aufgaben drehen. Denn hier geht es um die Einübung in einen wichtigen Dienst der Kirche, zu dem es auch eine gediegene und begleitete Ausbildung braucht, die dann aber auch in hoher Eigenverantwortlichkeit durchgeführt wird. Dabei wird aus den Erfahrungen deutlich, dass es in der Regel um eine teamorientierte Ausbildung geht. In der Tat: Das Zeugnis des barmherzigen Gottes erscheint deutlicher in einer Gemeinschaft von Christen. Darüber hinaus soll dieser Dienst ja nicht nur eine Beerdigung abwickeln, sondern einen Trauer- und Begleitprozess ermöglichen. Das wird nur gelingen, wenn das bisherige Prozedere überwunden wird. Man darf ernsthaft darüber nachdenken, solche Dienste auf den Beziehungs- und Lebensraum der örtlichen Gemeinschaft zu beziehen – er lebt daraus. Und zugleich wird hier dann auch deutlich, dass es um eine umfassende und begleitende Ausbildung geht. Es geht eben nicht darum, einen Ritus zu „lesen", wie man früher vom „Messe lesen" sprach. Es geht vielmehr darum, selbst zum „Osterzeugen", zu einer „Osterzeugengemeinschaft" zu werden. Wahrscheinlich braucht man eigentlich mehrere Teams in einer örtlichen Gemeinde – Referenzgröße für die Teams kann jedenfalls nicht eine große Stadtpfarrei sein, weil sonst wiederum die heute fehlende Alltagsrelevanz und Beziehungsorientierung perpetuiert würde.

Eine spezifische Sendung

Ausgebildet und damit für diesen Dienst befähigt zu sein führt zu einem nächsten Schritt. Da ja schon die Gemeinschaft der Gläubigen „gerufen" hat und dafür sorgt, dass eine angemessene Ausbildung stattfinden konnte (die auch von der Gemeinde zu finanzieren wäre), ist die Beauftragung in keiner Weise ein formaler Akt – sondern steht in der Mitte der Versammlung der Gemeinde am Sonntag. Es ist ein liturgisches Geschehen, das alle betrifft und auch im Namen von allen geschieht. Entsprechende liturgische Feiern und Sendungsrituale sind zu entwickeln. Deutlich werden muss dabei, dass die Kirche als Ortskirche und als Gemeinschaft vor Ort die Teams in den Dienst sendet.

Dabei ist auch klar, dass solche Sendungen nie das meinen können, wie es heute öfter scheint, dass mit der Sendung nämlich eine „Entlassung" verknüpft ist: Von jetzt an kannst du das alleine machen ... Im Gegenteil brauchen gerade Dienste so etwas wie eine evaluierende und förderliche Begleitung, und vor allem braucht es auch das Werden einer Trauer- und Beerdigungskultur der gesamten Gemeinschaft vor Ort. Denn auch wenn es um einen spezifischen Dienst geht, heißt das eben gerade nicht, dass die gemeinsame Verantwortung der Gemeinschaft endet. Es ist und bleibt auch ihre Sendung, Anteil zu haben an der Trauerbegleitung, mitzuwirken an der Verwirklichung jener umfassenden Gemeinschaft der Glaubenden, die Leben und Tod nicht trennen kann.

„Schön war die Begleitung durch den Schmetterling, der uns als Motiv immer wieder durch den Kurs führte. Osterzeuge zu sein heißt, für die Auferstehung zu stehen und von ihr zu erzählen. Die Umwandlung und eine zarte Leichtigkeit des Schmetterlings im hellen warmen Sonnenlicht. Das ist eine Zusage."

Michael Wüstenberg

Wer zu spät kommt –
Tut etwas zu ihrem Gedächtnis

„Wir sind eine sterbende Gemeinde" – mit diesen Worten wurde ich vor mehr als 30 Jahren mit einer Jugendgruppe im Hinterland von Wolfenbüttel in einem Gemeindehaus begrüßt. Priestermangel, Wegzug von Leuten … Das klang nach Intensivstation. Und die Geschichte ging inzwischen weiter: Gemeindeeinheiten … noch viel weniger Priester mit noch mehr Aufgaben. Und dann eines Tages wird die Beisetzung der Gemeinde in aller Stille im Kreise der engsten Familienangehörigen stattgefunden haben? Das muss ganz und gar nicht so kommen. Ist „palliative care" die Antwort, ein mit schönen Worten und Schmerz ausschaltenden Mitteln begleitetes Warten, bis alles vorüber ist?

Manchmal spüre ich die Sorge, dass die Zeichen der Zeit übersehen werden, wenn man den Zustand der Kirche betrachtet und womöglich unbequeme Wahrheiten ausblendet, um nicht zu unpopulär reagieren zu müssen. Die Zahlen werden kleiner, im Mitgliederverzeichnis wie in der Kasse. Und die Bevölkerungsstruktur zeigt ein Übergewicht der Älteren. Wenn man dann aufgrund von falschen Voraussetzungen Pläne macht, kann nicht viel dabei herauskommen. Und wenn man alles wie immer machen will, kann schon gar nichts dabei herauskommen, weil das „Immer" nicht mehr da ist.

Wer zu spät kommt, den bestraft das Leben, hatte der russische Präsident Gorbatschow gesagt. Vielleicht gibt es kein richtiges „zu spät". Aber finge man früher an, sich vorzubereiten, könnte manches einfacher angegangen werden. Kurzschlusshandlungen aus pastoraler Panik sind möglich, aber risikoreich. Vielleicht gelingt es dennoch, angemessen, nicht in einer Kurzschlusshandlung, auf die Zeichen der Zeit zu antworten.

Wenn aus südafrikanischer Perspektive eine Auswertung der hier vorgestellten Arbeit mit Beerdigungsleitern vorgenommen würde, könnte unter anderem nachgefragt werden: Sind diese Dienste in kirchlicher (kleiner) Gemeinschaft verankert? Gibt es „Amtsperioden"? Was wird als Fortbildung angeboten? Wird in Teams gearbeitet?

Wird der Kairos als Moment in der Geschichte wahrgenommen, wo sich die Chance zu lebenserhaltenden und Leben erweckenden Maßnahmen auftut? Wir sagen ja als Allererstes im Glaubensbekenntnis, dass wir an Gott den Schöpfer glauben. Und wir glauben, dass wir nach seinem Ebenbild geschaffen sind. Dann dürfen wir mit allem Recht schöpferische Qualitäten an den Tag legen und kreativ werden mit den Antworten auf das „Chaos", das auch in der Pastoral unser Rohmaterial darstellen kann.

Eine biblische Ermunterung ist für mich immer mehr das Markusevangelium. Es ist das älteste unter den vier Evangelien. In ihm geht eigentlich alles schief, was schiefgehen kann. Als Jüngerschule lädt es so den Leser ein, am dauernden und immer schlimmer werdenden Versagen der Jünger zu lernen und es besser zu machen. Wenn man so will, ist es ein kritisches Buch für alle, die Verantwortung übernehmen. Es gibt dennoch nie die Hoffnung auf, dass doch alles noch gut wird durch die, die sich packen lassen.

Es hat sogar einen Text über nachsorgende Beerdigungspastoral: Drei Frauen gehen am Ostermorgen zum Grab, um Jesus zu salben (Mk 16,1–8). Sie waren nicht wie die Jünger davongelaufen, sondern treu bei Jesu Tod am Kreuz und bei der Beisetzung dabeigeblieben. Sie wollten nun tun, was man oder frau eben so tut.

Dem, der das Evangelium nur häppchenweise liest oder hört, wird wahrscheinlich nicht auffallen, was einem Leser auffällt, der den Text in einem Durchgang liest. Da war doch noch etwas! Da war eine anonyme Frau, die (in Mk 14,3–9) Jesu Leib „im Voraus", so heißt es, für das Begräbnis salbte. Die Salbung war also eigentlich schon getan! Damit läuft die gute Absicht der drei am Grab ins Leere: Zu spät gekommen! Sie haben den rechten Moment verpasst. So bekommen nicht Maria von Magdala, Maria, die Mutter des Jakobus (die etliche als Jesu Mutter identifizieren), und Salome die „Zusage" Jesu, sondern diese salbende Frau: „Überall auf der Welt, wo das Evangelium verkündet wird, wird man sich an sie erinnern und erzählen, was sie getan hat" (Mk 14,9). Nun, das haben wir so noch nicht befolgt. Was hier fast wie eine sakramentale Erinnerung mit Wiederholungsauftrag eingeführt wird – tut dies zu meinem und hier nun zu ihrem Gedächtnis –, ist einer totalen Amnesie zum Opfer gefallen. Eine verschwiegene Weltberühmtheit. Wir hätten nie vergessen dürfen, dass die wagemutigste Osterzeugin, sozusagen noch ganz „ohne Osterbotschaft", diese salbende Frau ist. Ihre zärtliche Zuwendung hat Jesu Vertrauen in die Leben spendende Liebe bestärkt.

Könnte es sein, dass auch wir zu spät gekommen sind? Eine frühere Einführung von verantwortlichen Leadern, wie z. B. Beerdigungsleitern, hätte einen sehr bedeutenden österlichen Schub für die Verkündigung der Kirche ermöglicht. Dass Menschen wenigstens jetzt solch wertvollen Trost und Unterstützung erfahren können, dazu will dieses Buch zum Dienst der Osterzeugen ermutigen, die nicht „Beerdigungstechniker" sind, sondern geisterfüllte Zeugen für die Lebenden, die (noch) lebenden Sterbenden (wie Jesus) und die Überlebenden.

Sind wir zu spät gekommen? Es ist gut, wenn jetzt das Bewusstsein erwacht ist, dass da Menschen sind, die die Zeit und die Gabe haben, sich anderen in ihrer Not zuzuwenden. Durch in Liebe verwurzelte Sterbe- und Trauerbegleitung kann das Loslassen des eigenen Lebens und das anderer leichter werden. Menschenwürde und der Wert des Einzelnen werden betont, so dass Sterbende wie Hinterbliebene mit kraftvollem Leben dem Tod begegnen können. So könnte zur Erfahrung werden, was manche nur für merkwürdig halten, wenn Franziskus von Assisi vom „Bruder Tod" spricht: sich anzufreunden auch mit dem eigenen Tod. Am Leben mit seinen Abgründen gereifte Menschen können Begleiter sein wie die Frau mit dem Öl. Statt verzweifelt zu Euthanasiegedanken versucht zu sein, kann Bruder Tod zum „Totentanz" gestärkter Sterbender bitten. Und auch die Hinterbliebenen mit ihrem Welt- und Sinnschmerz können sich mit neuem Lebensmut aufrichten.

Es ist im Evangelium, als ob sich am Tode noch einmal alles kristallisierte: Der Gekreuzigte wendet sich dem Gangster zu und sagt ihm, was nicht einmal Maria, Petrus, Johannes oder Jakobus zu hören bekamen: „Noch heute wirst du mit mir im Paradies sein." Das ist fast so etwas wie die Salbung mit einer Perspektive, die weiter reicht als das Offensichtliche, der Tod. Und eben die Frau: „Man wird sich erinnern und erzählen, was sie gemacht hat." Oftmals als Randfiguren eingeschätzte Menschen werden ins Zentrum der Sinnstiftung gerückt! Vergesst das ja nicht! Tut es einfach!

Ich erinnere mich an die Beerdigung einer Schwester. Sie hatte sich nicht nur unermüdlich, sondern auch unerschrocken für die Armen und Schwachen eingesetzt und damit auf viele einen großen Eindruck gemacht. Bei ihrer Trauerfeier sagte ich, wenn jetzt jemand hier sei, der sozusagen beobachten wollte, wie sie vom irdischen ins ewige Leben hinübergehe, dann sei er zu spät gekommen. Das war ja bereits geschehen, vor mehr als achtzig Jahren, als sie bei der Taufe „mit Christus auferweckt" wurde und bereits am ewigen Leben Anteil bekam.

Bei jeder Taufe sprechen wir heute bewusst von den Taufgaben. Mit der Salbung bei der Kindertaufe sagen wir allen die Würde von Priester, Prophet und König zu. Gesalbt sein und glauben, wofür man gesalbt wurde – und ein kräftiges Leben kann sich entfalten wie das dieser Schwester. Ja, das gibt es. Es lohnt zu erinnern und zu erzählen, was nicht nur diese „Randfiguren" im Evangelium gemacht und erfahren haben. Vielleicht können wir das 2000 Jahre alte Versäumnis, Jesu ausdrücklichen Auftrag zu erfüllen, wiedergutmachen, indem wir erzählen, was zum Beispiel Beerdigungsleiter als Osterzeugen machen und gemacht haben und was durch sie alles an Leben in Menschen und Gemeinden zurückgekehrt ist:

„Ich danke dir, gütiger Gott, für die Frau, die sich verausgabte und so auf ihre Weise Deinem Sohn ihre überfließende Liebe zeigte, die Du selbst bist. Sie setzte alles ein und setzte sich dabei aus der Kritik und der Zurückweisung derer, die immer alles besser wissen, nur nicht das, worauf es ankommt, dass diese Liebe das Beste ist. Wir danken dir auch für all die, die ihrem Beispiel folgen und Osterzeugen für das Leben sind, zerbrechlich, wie es ist. Die Frau sollte gute Nachricht werden durch unser Erzählen. Lass uns niemals schweigen über das Gute, das unter uns durch viele, die ihr ähnlich sind, geschieht."

Gott hat die Verbundenheit zu seiner Welt und zu seinen Menschen nicht gekündigt. Die biblischen Geschichten vom Elend der Menschen werden zu Aufstandsgeschichten gegen das Elend. Die Menschen in diesen Geschichten bezeugen: Gott lässt sich mit uns in Richtung Leben fallen ... und unser Credo geht noch weiter. Mit der Passage ‚hinabgestiegen in das Reich des Todes ...' konstatieren wir, dass Gott sich nicht ‚raushält'. Selbst die Todeszone ist keine ‚Region' unseres Daseins ..., in der Gott es aufgegeben hätte, für uns Gott zu sein ... Im Kern ist jede Bestattung im Namen Gottes jedes Mal ein Protest gegen die angebliche ‚Gott-losigkeit'.

Bilanz

schon eine halbe Ewigkeit
hat der Buchhalter-Engel
alles Negative notiert
jede Verfehlung festgehalten

jetzt aber schielt er
ungläubig durch die Lesebrille
unter den goldenen Locken
der Stirn strenge Falten

kratzt sich mit der Flügelspitze
hinterm rechten Ohr
wo ist der Rechenfehler
woher kommt nur am Ende das Plus

es ist ein Kreuz
sagt ER beruhigend
und lächelt
eine ganze Ewigkeit

(Andreas Knapp)

Literatur

- Heribert Arens: Gott, Du bist so menschlich, München 1982
- Anselm Grün: Jesus, Tür zum Leben, Stuttgart 2002
- Reinhard Körner: Kirchisch für normale Menschen, Leipzig 2015
- „… Ohren der Barmherzigkeit". Über angemessene Liturgiesprache, hg. von Benedikt Kranemann/Stephan Wahle, Freiburg i. Br. 2011
- Liturgie und Sprache, hg. von Andreas Odenthal und Albert Urban, Trier 2014
- Hans Gerd Paus/Annegret Piertron-Menges: Die Gemeinde bestattet ihre Toten, Gütersloh 2009
- Dorothee Sölle, Mystik des Todes, Freiburg i. Br. 2003
- David Steindl-Rast: Credo, Freiburg i. Br. 2010
- Ders. mit Anselm Grün: Das glauben wir. Spiritualität für unsere Zeit, Münsterschwarzach 2015

Die Gedichte von Andreas Knapp sind erschienen im Echter Verlag; sie wurden entnommen aus:
- Weiter als der Horizont, 8. Auflage 2015
- Brennender als Feuer, 7. Auflage 2014
- Tiefer als das Meer, 6. Auflage 2016
- Gedichte auf Leben und Tod, 4. Auflage 2016
- Höher als der Himmel, 3. Auflage 2016
- Heller als Licht, 3. Auflage 2016

Die Bibeltexte sind zitiert nach der Einheitsübersetzung der Heiligen Schrift, Stuttgart 1980.

Autorinnen und Autoren

Bernd Galluschke, Propst in Duderstadt

Christian Hennecke, Leiter der Hauptabteilung Pastoral im Bistum Hildesheim

Andreas Knapp, Kleiner Bruder vom Evangelium in Leipzig

Kuno Kohn, Priester des Bistums Hildesheim

Luzia Neubert, Diplomtheologin, Göttingen

Gisbert Nolte, Pastoralreferent für das Dekanat Göttingen

Betina Schenk, Gestaltpädagogin, Mellendorf

Barbara Schwinum, Lehrerin, Liebenburg

Michael Wüstenberg, Priester der Diözese Hildesheim, Bischof von Aliwal North/Südafrika